Kulturwissenschaftliche Gedächtnistheorien
zur Einführung

Nicolas Pethes

Kulturwissenschaftliche Gedächtnistheorien zur Einführung

JUNIUS

Wissenschaftlicher Beirat
Michael Hagner, Zürich
Dieter Thomä, St. Gallen
Cornelia Vismann, Frankfurt a.M. †

Junius Verlag GmbH
Stresemannstraße 375
22761 Hamburg
Im Internet: www.junius-verlag.de

© 2008 by Junius Verlag GmbH
Alle Rechte vorbehalten
Umschlaggestaltung: Florian Zietz
Titelbild: Sigrid Sigurdsson,
Vor der Stille (1988 ff.)
Karl Ernst Osthaus Museum, Hagen
Fotografie: Achim Kukulies
Satz: Junius Verlag GmbH
Printed in the EU 2013
ISBN 978-3-88506-073-4
2., überarb. Auflage 2013
(zur Einführung; 356)

Bibliografische Information der Deutschen Nationalbibliothek
Die Deutsche Nationalbibliothek verzeichnet diese Publikation in der
Deutschen Nationalbibliografie; detaillierte bibliografische Daten
sind im Internet über http://dnb.d-nb.de abrufbar.

Zur Einführung ...

... hat diese Taschenbuchreihe seit ihrer Gründung 1978 gedient. Zunächst als sozialistische Initiative gestartet, die philosophisches Wissen allgemein zugänglich machen und so den Marsch durch die Institutionen theoretisch ausrüsten sollte, wurden die Bände in den achtziger Jahren zu einem verlässlichen Leitfaden durch das Labyrinth der neuen Unübersichtlichkeit. Mit der Kombination von Wissensvermittlung und kritischer Analyse haben die Junius-Bände stilbildend gewirkt.

Von Zeit zu Zeit müssen im ausufernden Gebiet der Wissenschaften neue Wegweiser aufgestellt werden. Teile der Geisteswissenschaften haben sich als Kulturwissenschaften reformiert und neue Fächer und Schwerpunkte wie Medienwissenschaften, Wissenschaftsgeschichte oder Bildwissenschaften hervorgebracht; auch im Verhältnis zu den Naturwissenschaften sind die traditionellen Kernfächer der Geistes- und Sozialwissenschaften neuen Herausforderungen ausgesetzt. Diese Veränderungen sind nicht bloß Rochaden auf dem Schachbrett der akademischen Disziplinen. Sie tragen vielmehr grundlegenden Transformationen in der Genealogie, Anordnung und Geltung des Wissens Rechnung. Angesichts dieser Prozesse besteht die Aufgabe der Einführungsreihe darin, regelmäßig, kompetent und anschaulich Inventur zu halten.

Zur Einführung ist für Leute geschrieben, denen daran gelegen ist, sich über bekannte und manchmal weniger bekannte Autor(inn)en und Themen zu orientieren. Sie wollen klassische

Fragen in neuem Licht und neue Forschungsfelder in gültiger Form dargestellt sehen.

Zur Einführung ist von Leuten geschrieben, die nicht nur einen souveränen Überblick geben, sondern ihren eigenen Standpunkt markieren. Vermittlung heißt nicht Verwässerung, Repräsentativität nicht Vollständigkeit. Die Autorinnen und Autoren der Reihe haben eine eigene Perspektive auf ihren Gegenstand, und ihre Handschrift ist in den einzelnen Bänden deutlich erkennbar.

Zur Einführung ist in verstärktem Maß ein Ort für Themen, die unter dem weiten Mantel der Kulturwissenschaften Platz haben und exemplarisch zeigen, was das Denken heute jenseits der Naturwissenschaften zu leisten vermag.

Zur Einführung bleibt seinem ursprünglichen Konzept treu, indem es die Zirkulation von Ideen, Erkenntnissen und Wissen befördert.

Michael Hagner
Dieter Thomä
Cornelia Vismann

Inhalt

1. Einleitung: Was, wie und warum erinnern Kulturen?

2006 erschien in einem Leipziger Verlag ein bemerkenswertes Buch: Die Historikerin Christine Fischer-Defoy publizierte das Adressbuch, das der Philosoph und Literaturkritiker Walter Benjamin (1892-1940) während des aufgrund seiner jüdischen Herkunft erzwungenen Exils in Frankreich ab 1933 geführt hatte. Der Band enthält fotografische Reproduktionen sowie Transkriptionen der 25 handschriftlich beschriebenen Seiten und Einlegeblätter, einen Kommentar zur Entstehungs- und Überlieferungsgeschichte des kleinen Büchleins sowie mehr oder weniger ausführliche Kommentare zu den von Benjamin nicht selten mit wechselnden Adressen verzeichneten Personen.

Inwiefern ist eine solche Publikation für eine Einführung in kulturwissenschaftliche Gedächtnistheorien von Interesse? Unter kulturwissenschaftlichen Theorien des Gedächtnisses kann man solche verstehen, die sich von psychologischen oder neurobiologischen Beschreibungen von Erinnerungsprozessen unterscheiden und stattdessen ›kulturelle‹ – also soziale, historische, philosophische, künstlerische usw. – Aspekte des Phänomens ›Gedächtnis‹ in den Blick nehmen. Ein Vademecum wie Walter Benjamins Adressbuch erscheint nun auf den ersten Blick als Hilfsmittel für das Gedächtnis eines Individuums und obendrein als eines, das möglicherweise private und für keine Öffentlichkeit bestimmte Einträge enthält. Als ein solches Hilfsmittel verdeutlicht ein Adressbuch aber, dass das Erinnerungsvermögen des Menschen mangelhaft ist und zumal im Fall einer großen Menge abstrakter und veränderbarer Daten eines Mediums bedarf, das die gewünschten Informationen auf eine Weise speichert, die sie jederzeit und zuverlässig abrufbar macht. Ein solches Speichermedium stellt im Abendland seit mehreren Jahrtausenden die Schrift dar, die als kulturell gewachsene und tradierte Technik zum jeweils individuellen Gedächtnis hinzutritt.

Benjamin bediente sich also zur Stütze seines persönlichen Gedächtnisses einer bestimmten Kulturtechnik und stellt dieses Gedächtnis auf diese Weise in einen bestimmten kulturhistorischen Zusammenhang. Dieser kulturhistorische Zusammenhang gewinnt nun aber im Fall der Publikation seines Adressbuchs ganz die Überhand, da seine Edition ja nicht mehr als Gedächtnisstütze für seinen 1940 gestorbenen Besitzer dient, sondern als Erinnerung *an* diesen Besitzer und die besonderen historischen und politischen Umstände, innerhalb deren das kleine Bändchen entstanden ist und genutzt wurde.

Die Publikation von Walter Benjamins Adressbuch ist mithin ein exemplarischer Fall für denjenigen Umschlag bzw. Perspektivwechsel, der am Beginn aller kulturwissenschaftlichen Gedächtnistheorien steht: der Übergang von den persönlichen und damit an die Lebensspanne eines Individuums gebundenen Erinnerungen zur Ausbildung eines Gedächtnisses, das einer Gruppe von Menschen und generationsübergreifend zur Verfügung steht. Von einem solchen Gedächtnis kann nicht mehr im psychologischen oder neurobiologischen Sinne die Rede sein, da Träger, Nutzer und Erinnerungsprozesse nicht in der Weise ›individuell‹ und ›intern‹ beschrieben werden können, wie die Etymologie des deutschen Worts ›Erinnerung‹ es noch impliziert. Stattdessen ist in den Kulturwissenschaften von einem Gedächtnis die Rede, das auf wie immer gearteten, externen Speichermedien einerseits sowie auf deren kollektivem Abruf andererseits beruht und so auf doppelte Weise in einem Zusammenhang mit dem steht, was wir ›Kultur‹ nennen: erstens, insofern Speichermedien von der Schrift bis zum Computer historisch spezifische Hervorbringungen menschlicher Gemeinschaften sind und somit Teil ihrer Emanzipation von der ›Natur‹ (oder der ›zweiten Evolution‹); und zweitens, insofern der Umgang mit dem derart Gespeicherten – vom mündlichen Vortrag antiker Epen bis zur Verwaltung digitaler Datenbanken – einen Zusammenhang zwischen den einzelnen, individuellen Bezugnahmen stiftet: eine ›Tradition‹.

Neben dieser Übertragung persönlicher Gedächtnisinhalte in ein Speichermedium und dem Umschlag einer individuellen Erinnerungsstütze in ein Dokument des kulturellen Gedächtnisses erlaubt es die Edition von Walter Benjamins Adressbuch des Exils, zwei weitere zentrale Aspekte kulturwissenschaftlicher Gedächtnistheorien anzusprechen: Der eine Aspekt betrifft die Tatsache, dass dieses Adressbuch während der in der Zeit zwischen 1933 und 1945 (und oft länger) durch den Nationalsozialismus in Deutschland erzwungenen Phase des Exils einer Vielzahl führender Intellektueller (und nicht nur ihrer) der Weimarer Republik entstanden ist. Benjamin emigrierte 1933 nach Paris, wo er unter schwierigen persönlichen und ökonomischen Bedingungen lebte, bis er 1940, nachdem die Judenverfolgung die französische Hauptstadt erreicht hatte, über Marseille nach Spanien zu gelangen versuchte und angesichts des drohenden Scheiterns dieses Vorhabens in einem Pyrenäendorf an der Grenze Selbstmord beging. Unter diesen Umständen ein Adressbuch zu führen bedeutet mehr, als nur der eigenen Vergesslichkeit vorzugreifen: Benjamin selbst wechselte in den sieben Exiljahren dreizehn Mal die Adresse, und mit ihm tat das eine ganze Reihe der Personen, deren verschlungenen Lebenswegen er durch die Einträge und Korrekturen zu folgen bemüht war. Bedenkt man dazu die vielfältigen emotionalen und biografischen Unwägbarkeiten der Emigranten, so wird deutlich, dass das Exil vor allem auch eine Bedrohung von Gedächtnis und Erinnerung darstellt: Vertrieben aus einer Heimat, die sich nichts weniger als die Vernichtung einer ganzen Kultur in Deutschland zum Ziel gesetzt hatte, durchlebten die Exilierten eine tief gehende Verlust- und Brucherfahrung, die nicht ohne Weiteres mit dem Bestreben von Gedächtnis und Erinnerung, die Kontinuität der Selbstwahrnehmung von Individuen und Gemeinschaften sicherzustellen, vereinbar war. Das Zitat aus einem Brief Benjamins, »wie überall hin die Leute verstreut sind«, das der Publikation seines Adressbuchs als Untertitel dient, führt eindringlich vor Augen, wie sehr kulturelle Erinnerungstechniken auf Krisenerfahrungen und Bedrohungen jener Kontinuitäten reagieren. Und dies gilt für Benjamins Exilexistenz, in der er versuchen musste, zumindest einen Teil seiner vormaligen Sozialkontakte aufrechtzuerhalten, ebenso wie für die heutige Erinnerung an bzw. Geschichtsschreibung über dieses Exil, für die das Adressbuch mehr als siebzig Namen und Adressen bereitstellt: Für Benjamins geschiedene Frau Dora, bei der er ebenso Unterschlupf findet wie bei Bertolt Brecht in Skovsbostrand, sind nicht weniger als fünf verschiedene Anschriften verzeichnet. Die Moskauer Adresse seiner großen Liebe Asja Lacis hält er ebenso fest wie einige nicht näher identifizierbare Frauennamen. Daneben sind die Namen französischer Kollegen notiert: Pierre Klossowski und Georges Bataille, der einen Teil von Benjamins Nachlass in der Bibliothèque Nationale verstecken und damit retten wird. Und schließlich ein nahezu komplettes Panorama des geistigen Lebens der Weimarer Republik von Siegfried Kracauer und Ernst Bloch über Kurt Weill bis zu Theodor Wiesengrund Adorno, Anna Seghers und Hannah Arendt, deren mäandernde Wege durchs Exil Benjamin auf eingelegten Postkarten festhält. Auch in dieser

Hinsicht ist die Publikation einer privaten Erinnerungshilfe ein Beitrag zur Wahrung des Gedächtnisses einer kulturellen Epoche.

Ein letzter Aspekt, der diese Publikation als Illustration der Probleme und Fragestellungen kulturwissenschaftlicher Gedächtnistheorien geeignet erscheinen lässt, betrifft schlicht den Besitzer des Adressbuchs, Walter Benjamin selbst. Denn Benjamin ist nicht nur als Exilierter Gegenstand einer Erinnerung an die Zeit von Nationalsozialismus und Zweitem Weltkrieg. Er ist vor allem auch einer der zentralen Autoren, die am Beginn des 20. Jahrhunderts erste Ansätze für kulturwissenschaftliche Gedächtnistheorien verfasst haben. Und in den vielfältigen und teilweise verstreuten Ausführungen Benjamins zur kulturellen Bedeutung des Gedächtnisses finden sich zudem Skizzen einer Theorie, die der oben gemachten Beobachtung gelten, dass das Gedächtnis stets auf krisenhafte Bedrohungen von Erinnerungsprozessen oder Traditionszusammenhängen zielt.

Damit sind die zentralen Gesichtspunkte benannt, die Anliegen und Aufbau dieser Einführung prägen: Als Einführung in kulturwissenschaftliche Gedächtnistheorien wird sie zuerst einmal entwickeln müssen, was aus der Sicht einer Theorie von Kultur überhaupt unter Gedächtnis und Erinnerung zu verstehen ist. Hierzu ist zunächst zu klären, was es bedeutet, die Kategorie des ›Gedächtnisses‹ nicht auf einzelne Individuen, sondern für Kollektive anzuwenden. Dieser Frage widmet sich der erste Teil dieser Einführung, der unter der Überschrift »Geschichte und Probleme kultureller Gedächtnistheorien« rekonstruiert, mittels welcher theoretischer Konzepte es überhaupt möglich ist, von einem Gedächtnis von Kollektiven, Gesellschaften oder Kulturen zu sprechen. Hier werden die wichtigsten kulturwissenschaftlichen Gedächtnistheoretiker von Friedrich Nietzsche über Maurice Halbwachs bis Jan Assmann vorgestellt, und es wird ihr Beitrag zum Verständnis von Überlieferungsprozessen und

13

Traditionszusammenhängen erläutert: Auf welche Weise gerät das Gedächtnis überhaupt in den Blick von Beschreibungsversuchen kultureller Zusammenhänge? Und wie wird seine Funktion bezüglich der Geschichte der Kunst und der Gesellschaft beurteilt?

Wenn aber diese Aspekte nicht unter Rückgriff auf psychologische und neurobiologische Theorien beschrieben werden können (obgleich die diesbezüglichen Metaphern so naheliegend scheinen), weil eine Kultur auf einer sozialen Kommunikations- und Überlieferungspraxis und nicht auf den Operationen eines individuellen biologisches Gehirns beruht, dann betrifft diese Frage offensichtlich nicht nur den gewandelten Gegenstandsbereich, sondern auch das gegenüber den Naturwissenschaften verschiedene Erkenntnisinteresse der Kulturwissenschaften: Psychologische und neurobiologische Beschreibungen von Gedächtnisstrukturen und Erinnerungsprozessen verstehen sich als empirisch validierte Theorien über kognitive und biologische Zusammenhänge, d. h., sie beanspruchen, einen Teil der Welt, so wie sie ist, zu beschreiben. Insofern diese Theorien einander widerlegen und ablösen, sind sie durchaus auch historisch zu betrachten. Die jeweils aktuelle Version dieser Theorien wird aber stets beanspruchen, Gedächtnis und Erinnerung so zu beschreiben, wie sie für den Menschen immer schon funktioniert haben.

Von diesem Anspruch unterscheiden sich kulturwissenschaftliche Gedächtnistheorien, wie sie hier verstanden und vorgestellt werden, grundsätzlich: Kulturwissenschaften – und unter ihnen seien, neben der jüngeren Fachdisziplin desselben Namens, zunächst die vormals als ›Geisteswissenschaften‹ bezeichneten Disziplinen der Philosophie, der Ethnologie und Religionswissenschaft, der Geschichte, der alten und neuen Philologien, der Kunst- und Altertumswissenschaften sowie der Medienwissenschaften verstanden – betrachten ihre Gegenstände grundsätzlich historisch. Für eine Theorie des Gedächtnisses bedeutet das, dass die

Kulturwissenschaften nicht fragen, was das Gedächtnis ›ist‹, sondern wie es zu unterschiedlichen Zeiten und auf jeweils verschiedene Weise verstanden wurde, beschrieben wurde und innerhalb spezifischer gesellschaftlicher Zusammenhänge funktioniert hat. Diesem letztgenannten Aspekt widmet sich der zweite Teil der vorliegenden Einführung unter der Überschrift »Techniken und Funktionen des kulturellen Gedächtnisses«. Hinsichtlich der Techniken wird dabei auf die Geschichte der verschiedenen Speichermedien von der Schrift bis zum Computernetzwerk einzugehen sein, die eine ganz andere Organisation des Vergangenheitsbezugs von Kulturen erlauben als im Fall der Rituale und Inszenierungsformen oraler Gesellschaften. Nichtsdestotrotz zeigt die Tradition der antiken Rhetorik und ihrer Anweisungen zu einer räumlichen und bildlichen Organisation der Erinnerung bzw. die Markierung konkreter geografischer Räume als Gedächtnisorte, dass auch für mündliche Kommunikationsformen Erinnerungstechniken entworfen wurden. Dieses Nebeneinander von mündlichen Tradierungsweisen und externen Speichertechniken, die in den vergangenen drei Jahrtausenden eine anhaltende und in den letzten zwei Jahrhunderten eine immens beschleunigte Entwicklung genommen haben, macht deutlich, dass aus kulturwissenschaftlicher Perspektive gar nicht von einem Gedächtnis die Rede sein kann: Speichermedien sind nie nur passive Instrumente, die immergleiche Informationen aufsaugen, sondern in ihrer jeweils neuen Form immer auch an den Inhalten und Abrufweisen beteiligt – nicht zuletzt in Gestalt der vielfältigen Metaphern für das Gedächtnis, die sich aus Medientechnologien ableiten. Vor allem aber provozieren Speichermedien die entscheidende Frage nach dem Übergang von einer bloß passiven Sicherung von Daten zum aktiven Gebrauch des Überlieferten, der nur in Form einer Auswahl denkbar ist. Da diese Auswahl zumeist interessengesteuert ist, erweist sich der Bezug einer Kultur auf eine Vergangenheit als politisch relevant. Daneben aber existieren Inszenierungsformen des Vergangenheitsbezugs innerhalb desjenigen Bereichs der Kultur, der alltagssprachlich oft mit dieser gleichgesetzt wird: Darstellungen, aber auch Reflexionen der Erinnerung in den Künsten, insbesondere der Literatur.

Die Kulturwissenschaften, von denen in diesem Sinn erst seit gut 150 Jahren die Rede sein kann, bemühen sich um eine Beschreibung und Deutung dieser verschiedenen Gedächtnisformen, -techniken und -praktiken. Indem sie dies tun, leisten sie aber selbst einen Beitrag zur Erinnerung an diese Formen, Techniken und Praktiken und sind aus diesem Grund selbst Bestandteil dessen, was sie beschreiben: Kulturwissenschaftliche Gedächtnistheorien sind, insofern sie sich um die Spielarten kultureller Überlieferung kümmern, ein Teil der Kulturgeschichtsschreibung und mithin selbst Gegenstand der kulturellen Überlieferung. Anders gesagt: Indem kulturwissenschaftliche Gedächtnistheorien beschreiben, wie Kulturen erinnern, erinnern sie zugleich an historische Kulturformen und stehen somit in einem wechselseitigen Bedingungsverhältnis zu ihrem Gegenstand. Dieser Zusammenhang lässt sich wissenschaftshistorisch insofern plausibel belegen, als die zentralen Beiträge zu einer kulturwissenschaftlichen Gedächtnistheorie, wie sie im ersten Teil vorgestellt werden, in Gestalt einer Theorie des Gedächtnisses von Kulturen immer auch eine Aussage über das Selbstverständnis kulturwissenschaftlichen Arbeitens enthalten. Insofern Kultur nichts anderes ist als der Traditionszusammenhang einer Gemeinschaft, sind die Kulturwissenschaften von vornherein und zumindest implizit immer auch Theorien des kulturellen Gedächtnisses (A. Assmann 2002; Matussek 2003).

Wenn die vorliegende Einführung kulturwissenschaftliche Gedächtnistheorien als jeweils historisch spezifische Entwürfe eines kulturellen Selbstverständnisses versteht, so grenzt sie sich deutlich von phänomenologischen oder empirisch-ontologischen, aber auch theoriegeschichtlichen Einführungen in die Gedächtnistheorie ab. Stattdessen wird jede der hier vorgestellten kulturwissenschaftlichen Gedächtnistheorien auf ihre eigenen historischen und diskursiven Entstehungskontexte zu befragen und als Reaktion auf diese Kontexte zu interpretieren sein: Welche Funktion wird dem Vergangenheitsbezug einer Gesellschaft jeweils zugesprochen? Welche wissenschaftlichen Erklärungsmodelle werden hierzu herangezogen, welche neu entwickelt? Und auf welche historischen, gesellschaftlichen und politischen Bedürfnisse haben die jeweiligen Theorien dabei reagiert? Es wird, mit anderen Worten, immer auch um eine Kulturgeschichte der kulturwissenschaftlichen Gedächtnistheorien selbst gehen.

Die Publikation einer Gedächtnisstütze aus den 1930er Jahren zu Beginn des 21. Jahrhunderts wie diejenige von Walter Benjamins Adressbuch steckt für dieses Vorhaben auch den systematischen und historischen Rahmen ab: Die Phase des Nationalsozialismus, aber zuvor bereits die Jahrhundertwende, der Erste Weltkrieg und die politischen, technischen und ästhetischen Umbruchbewegungen der 1920er Jahre wurden zeitgenössisch als massiver Einschnitt in die bis dahin vergleichsweise kontinuierlich wahrgenommene Geschichte erlebt. Benjamin selbst sprach in diesem Zusammenhang und angesichts der destruktiven und disruptiven Energien der modernen Waffen-, Verkehrs- und Medientechniken vom Ende tradierbarer menschlicher Erfahrungen. Kulturkritische Autoren wie Oswald Spengler prognostizierten den *Untergang des Abendlands*, Sigmund Freud relativierte das Selbstbewusstsein der Menschen, Herr im eigenen Hause zu sein, der Faschismus ließ die dünne Trennlinie zwischen europäischer Zivilisation und Barbarei offenkundig werden. All diese Aspekte konvergieren in der Feststellung eines Bruchs mit herkömmlichen Denkweisen, Wahrnehmungsformen und historischen Kontinuitäten, der zugleich eine Bedrohung von Erinnerungszusammenhängen darstellte. Die wissenschaftshistorisch entscheidende Beobachtung ist aber, dass die heute so genannten Kulturwissenschaften (und mit ihnen, in Form des beschriebenen Wechselverhältnisses, die kulturwissenschaftlichen Gedächtnistheorien) just zu jenem Zeitpunkt entstehen, als die Kontinuitätslinien, die das Abendland überhaupt erst als einen Traditionszusammenhang zu betrachten erlaubt hatten, in Auflösung begriffen zu sein schienen: Philosophen wie Henri Bergson, Psychologen wie Sigmund Freud, Literaten wie Marcel Proust und Soziologen wie Maurice Halbwachs etablieren innerhalb weniger Jahrzehnte einen theoretischen Diskurs über die kulturelle Funktion von Gedächtnis und Erinnerung, der im Rückblick als Kompensation der gleichzeitigen Bruch- und Krisenerfahrungen gelesen werden kann.

Das Bedingungsverhältnis zwischen dem Bruch mit Erinnerungszusammenhängen und den verstärkten Bemühungen um ihre Rekonstituierung, das mit Blick auf das Exil 1933 bis 1945 bereits angesprochen wurde, lässt sich mithin theoriegeschichtlich dahingehend generalisieren, dass die erste Konjunktur kulturwissenschaftlicher Gedächtnistheorien im Zeichen der vielfältigen Brucherfahrungen der Moderne stattfindet. Aber das Erscheinungsdatum der Edition von Benjamins Adressbuch, mit dem das Bändchen seine Funktion als individuelle Erinnerungsstütze gegen die eines Gegenstands der kulturellen Überlieferung vertauscht, ist nicht minder bedeutsam: So wie die erste Welle kulturwissenschaftlicher Gedächtnistheorien im Zeichen der (klassischen) Moderne anrollt, bricht sich eine zweite angesichts derjenigen ›Postmoderne‹, die in den letzten Jahrzehnten des 20. Jahrhunderts den neuerlichen Zusammenbruch eines Traditionskontinuums markiert. Während die Brucherfahrung der Jahrhundertwende um 1900 den Verlust von Kontinuitäten im

Überlieferungszusammenhang der kulturellen Kommunikation meinte, sah man an der Wende zum 21. Jahrhundert den gemeinsamen Deutungsrahmen (Jean-François Lyotard spricht von den »großen Erzählungen«, die den ideologischen Überbau von Geschichtsphilosophien bilden) schwinden, der eine Anordnung der überlieferten Daten zu einem zusammenhängenden Ganzen erlaubt habe (Lyotard 1979/1993; Niethammer 1989). Genau wie die erste Diskontinuitätserfahrung führte auch die zweite zu einer massiven kompensatorischen Bewegung in den Kulturwissenschaften, die in Frankreich durch die Arbeiten Pierre Noras zu den *lieux de mémoire* und in Deutschland durch Jan Assmanns Theorie des kulturellen Gedächtnisses initiiert wurde.

Zur Erläuterung, Kontextualisierung und Relationierung beider Konjunkturwellen einer kulturwissenschaftlichen Gedächtnistheorie möchte diese Einführung beitragen. Sie bewegt sich damit auf einem mittlerweile breit entfalteten und gut dokumentierten Forschungsgebiet (Pethes/Ruchatz 2001, Oesterle 2005, Erll/Nünning 2008, Boyer/Wertsch 2009, Gudehus/Eichenberg/Welzer 2010). Darüber hinaus versteht sie sich aber auch als Anregung, aus der theoriehistorischen Beobachtung, dass kulturwissenschaftliche Gedächtnistheorien besonders in sozial- und medienhistorischen Krisen- und Umbruchszeiten Konjunktur haben, systematische Konsequenzen zu ziehen: Neben der kompensatorischen Leistung einer solchen Theoriekonjunktur, die auf die bedrohte Kontinuität des Überlieferungszusammenhangs mit Konzepten wie ›Identität‹ und ›Dauer‹ reagiert, stehen dieselben Theorien in Gestalt dieser Reaktion stets im Zeichen jener Diskontinuitäten und Brucherfahrungen, denen sie ihre Artikulation allererst verdanken. Es ist daher immer zu hinterfragen, ob kulturwissenschaftliche Gedächtnistheorien zwangsläufig als Modelle einer gelingenden Stabilisierung des Vergangenheitsbezugs einer Kultur (und ihrer Wissenschaft) verstanden werden müssen oder ob nicht vielmehr der Stellenwert von Wandel und Abwandlung und also von Differenz und Alterität innerhalb medialer und kultureller Erinnerungsprozesse verstärkt zu berücksichtigen wäre (Zierold 2006, Borsò 2008). Kollektive Gedächtnisse stehen ja nicht nur im Dienst der Stabilisierung und Homogenisierung nationaler Überlieferungszusammenhänge, sondern müssen auch dem Umstand Rechnung tragen, dass zumal gegenwärtige Gesellschaften hochgradig hybride und asynchrone (Bhabha 1994/2000, Creet 2011) sowie zugleich globalisierte und regional binnendifferenzierte (Levy/Sznaider 2001, Dewes/Duhm 2008) Gebilde sind, in denen eine Vielzahl konkurrierender Versionen verschiedener Vergangenheiten um Aufmerksamkeit und Medienpräsenz buhlen (Bhabha 1994/2000). An diesem Punkt münden kulturwissenschaftliche Gedächtnistheorien in eine Theorie des kulturellen Vergessens (Huyssen 1995).

I. Geschichte und Probleme kultureller Gedächtnistheorien

1. Natur oder Technik? Von der antiken Philosophie zur modernen Psychologie

Kulturwissenschaftliche Gedächtnistheorien machen ein Angebot, historisch entstandene und medial gestützte gesellschaftliche Kommunikationsformen und Überlieferungszusammenhänge mittels einer Semantik von Erinnern und Vergessen zu beschreiben. Die Alltagssemantik der Erinnerung, die den Bezug eines gegenwärtigen Bewusstseins auf ein vergangenes Ereignis meint, das in dieser Bezugnahme erneut wahrgenommen, rekonstruiert, kontextualisiert und interpretiert wird, bietet dabei eine ganze Reihe von Anschlussmöglichkeiten für die Beschreibung von Prozessen, die innerhalb kultureller Zusammenhänge beobachtet werden können. Möglicherweise ist ein solcher ›kultureller Zusammenhang‹ nichts anderes als die entsprechende Aktivierung von Erinnerungen. So leitet sich die sogenannte abendländische Kultur beispielsweise aus der griechischen Antike her, da sich politische, philosophische und ästhetische Vorstellungen der Gegenwart – man denke in dieser Reihenfolge etwa an demokratische Verfassungen, ontologische Erkenntnistheorien oder klassische Kunstkonzeptionen – auf antike Modelle beziehen können. Wirft man umgekehrt einen Blick in die aufgrund solcher Bezugnahmen bis heute überlieferten Texte, so stellt man fest, dass sie ihrerseits bereits von einem immensen Bewusstsein für die kulturelle Bedeutung der Erinnerung geprägt sind: In Hesiods Dichtung von der Entstehung der Welt, der *Theogonie*, findet sich z. B. der Hinweis auf den Mythos, dem zufolge die Musen, die die verschiedenen technischen und künstlerischen Leistungen des Menschen befördern, gemeinsame Töchter einer Göttin namens *Mnemosyne*, Erinnerung, seien. Wenn weiter die beiden Homer zugeschriebenen klassischen Epen der griechischen Antike, die *Ilias* und die *Odyssee*, beide mit einem Anruf an die Musen anheben, so verweisen sie damit die Dichtung an die Kompetenz dieser Erinnerung. Und dass dieses Gedächtnis ein anderes ist, wenn ein fahrender Sänger die Verse der Epen auswendig vorträgt, als wenn sie abgeschrieben und in Bibliotheken aufbewahrt werden, deutet Platon an. In seinem Dialog *Phaidros* erzählt er den Mythos, dem zufolge der ägyptische König, dem der Gott Theut die Erfindung der Schrift präsentierte, diese Erfindung für eine Schwächung des Gedächtnisses hielt.

Damit unterscheidet Platon zwischen einem ›natürlichen‹ Gedächtnis, das dadurch ausgezeichnet ist, dass es über seine Inhalte verfügt und sie nicht nur reproduzieren, sondern auch verstehen und erläutern kann, und einem ›technischen‹ Gedächtnis, das diese Inhalte außerhalb eines solchen natürlichen Bewusstseins speichert und keine Sorge für ihre angemessene Reproduktion trägt. Diese Unterscheidung ist deshalb so zentral, weil Platons Philosophie über weite Strecken auf dem erstgenannten, dem verinnerlichten Gedächtnis beruht: Indem Platon die Welt in diejenige der Ideen und diejenige der Erscheinungen aufteilt und den Menschen nicht nur mit einem (zur Sphäre der Erscheinungen gehörigen) Körper, sondern auch mit einer (zur Ideenwelt gehörigen) Seele ausgestattet sieht, hat der Mensch die Möglichkeit, Zugang zur Welt der Ideen zu finden, wenn sich seine Seele – die, da sie unsterblich ist, vor ihrer Inkarnation zu dieser Welt gehörte – an das vormals Geschaute und im Zuge der Inkarnation Vergessene erinnert. Die Erkenntnis der Wahrheit ist bei Platon also ein Prozess der Erinnerung (*anámnesis*), der aber keinerlei externer Hilfsmittel bedarf.

Diese Vorstellung einer ›inwendigen‹ Erinnerung hat das christliche Abendland maßgeblich geprägt: Der Kirchenvater Augustinus überträgt im vierten Jahrhundert n. Chr. in seiner Lebensbeichte *Confessiones* die Vorstellung einer erinnerungsfähigen unsterblichen Seele auf die christliche Heilslehre, die im gesamten Mittelalter in Gestalt von Bibelüberlieferung und Feiertagen zugleich auch zentraler Bezugspunkt der kulturellen Tradition ist. Und Jean-Jacques Rousseau greift Augustinus' Textform einer autobiografischen Erinnerung im Rahmen der säkularisierenden Tendenzen der europäischen Aufklärung auf und legt mit seinen *Confessions* die Grundlage für das Selbstverständnis des modernen Subjekts als nicht austauschbares Individuum.

Trotz Platons Gegenüberstellung von Erinnerung und Schrift prägt die Vorstellung eines ›inneren‹ Gedächtnisses also auch die abendländische Schriftkultur und das Zeitalter des Buchdrucks. Dass aber auch diese Erinnerungsform keineswegs nur ›von selbst‹ funktioniert, sondern auf ganz bestimmten Techniken beruht, die seine Leistungsfähigkeit fördern, hat man in der Antike ebenfalls schon gewusst. Die – vor allem in Rom entstehenden – Lehrbücher der Rhetorik enthalten allesamt ein Kapitel, das nach Anweisungen zu Themenfindung, Aufbau und sprachlicher Ausgestaltung einer Rede auch eine Methode vorschlägt, mittels deren man sich eine solche Rede einprägen kann, denn vor Gericht oder auf dem Marktplatz sprach man in der Antike selbstverständlich noch ›frei‹ (wie eine weitere Metapher für die zugehörige Erinnerungsleistung lautet).

Diese Methode heißt, vom Griechischen abgeleitet, Mnemotechnik bzw. auf lateinisch *ars memoriae*. Diese Kunst oder – im allgemeinen Sinn der Worte *téchne* bzw. *ars* – ›Technik‹ der Erinnerung bestand darin, dass man sich für die einzelnen Redeteile Orte (*tópoi, loci*) innerhalb eines strukturierten Gebäudes vorstellte, innerhalb deren man die einzelnen Argumente als Vor-

stellungsbilder (*eikónes*, *imagines*) ablegte, um dann, beim Rede-
vortrag, diese imaginierten Räume so abzugehen, dass man jedes
Bild an seinem Ort (und damit alle Argumente und Beispiele in
der vorgesehenen Reihenfolge) wieder auffinden konnte.

Eine solche Rezeptur wirkt umständlich und manieriert, und
doch kann man ihre kulturhistorische Bedeutung kaum hoch
genug einschätzen: Bis ins Mittelalter und die Frühe Neuzeit hinein war die Mnemotechnik die zentrale Organisationsform für
die Vermittlung von Wissen (Berns/Neuber 1993): religiöse, kos-
mologische und mathematische Traktate wurden mit Grafiken
versehen, die die Wissensgegenstände bildlich und räumlich an-
ordneten (Yates 1966/1990). Das Ende dieser jahrtausendelan-
gen Konjunktur einer rhetorischen Merktechnik hängt mit einem
Ereignis zusammen, das durchaus analog zur Erfindung der Schrift
bei Platon verstanden werden kann: die Durchsetzung des Buchdrucks in Europa seit dem 15. bis hin zur Entstehung des modernen Massenbuchmarkts im 18. Jahrhundert. Das Medium
Buch reduzierte als dauerhafter Speicher die Notwendigkeit, zu
tradierendes Wissen auswendig zu wissen und sich entsprechend
strukturiert zu merken. Schon im 17. Jahrhundert lässt sich fest-
stellen, dass die Rhetorik nur noch als Stillehre verstanden wird,
die insbesondere die Literatur des Barock prägt, während die
auf den mündlichen Vortrag zielenden Lehren der *memoria* und
der *actio* ›vergessen‹ wurden. Gleichzeitig prägte das mnemotechnische Prinzip der Verknüpfung von Orten und Bildern aber
auch noch einen weiteren Bereich der Rhetorik, der unmittelbar
zu diesen Stillehren gehörte und innerhalb dessen die Tradition
der *ars memoriae* mithin erhalten blieb: Für die argumentative
Anlage und exemplarische Belege einer Rede haben die antiken
Rhetoriken das System der Topik entwickelt, d.h. schematisier-
te Argumentationsmuster bzw. Metaphernfelder, die den Pro-
duzenten wie den Rezipienten gleichermaßen vertraut waren und

auf diese Weise die Plausibilität einer Argumentation stützten. Ausgehend von Aristoteles versteht man unter einem Topos die grundlegenden Begründungsformeln wie z. B. die Relation zwischen Ursache und Wirkung und deren Zuordnung zu bestimmten Personen. Cicero weitet dieses weitgehend logische System aber auf ganze Bildfelder aus, die man bei bestimmten Redeinhalten oder Beispielen assoziiert und die er *loci communes*, Gemeinplätze, nennt. Die Bedeutung derartiger Topoi für die kulturwissenschaftliche Gedächtnisforschung besteht nun im Nachweis, dass sie die Literatur des gesamten Abendlands von der Antike bis ins 18. Jahrhundert hinein geprägt haben. So ist der berühmteste dieser Topoi, der *locus amoenus*, als angenehmer Begegnungsort zweier Liebender traditionell mit einem stabilen Inventar aus Sonnenschein, Bachplätschern und Vogelzwitschern ausgestattet und als solcher bis heute wiedererkennbar. Die Topik ist damit eine der zentralen Konstanten der kulturellen Überlieferung (Curtius 1948).

Auf diese Weise kann man sagen, dass die Rhetorik sowohl als technische Anweisung als auch als Archiv für konventionalisierte Bildvorstellungen so etwas wie das ›Gedächtnis‹ der abendländischen Kultur gewesen ist. Als ein solches topisches Gedächtnis fungierte es aber naturgemäß eher konservativ: Die Rhetorik ist, auch wenn sie die Schriftkultur des Abendlands geprägt hat, eine orale Kulturtechnik, und orale Kulturen tendieren dazu, ihre Traditionsbestände möglichst ohne Variationen zu tradieren, da solche Abweichungen eine zusätzliche Belastung des Gedächtnisses darstellen würden. Platons Argument, dass die Erfindung der Schrift das Gedächtnis schwächt, ist daher medienhistorisch insofern gedeckt, als Schriftkulturen aufgrund der nahezu unbegrenzten Speicherkapazität des Mediums Variation und Innovation zulassen können, die von der Merkleistung des individuellen Gedächtnisses nicht mehr gefasst werden können. Wenn daher ab der Mitte des 18. Jahrhunderts rhetorische Vorschriften zum Aufbau und zur sprachlichen Gestalt von Texten in Verruf geraten und ihrer Normativität die autonomen und regellosen Schöpfungen eines Genies entgegengesetzt werden, dann ist das aus medienhistorischer Perspektive nur möglich, weil erst der moderne Buchmarkt eine auf dem Prinzip künstlerischer Innovation basierende Ästhetik erlaubt. Solange kulturelle Überlieferung auf dem Gedächtnis des Einzelnen beruht, kann sie auch nur eine bestimmte Datenmenge umfassen und muss auf erkennbare Weise strukturiert sein. Wenn aber Speichermedien vorliegen, die keine solche Begrenzung erfordern, entfällt auch die Notwendigkeit der Strukturierung. An die Stelle des Gebots, Texte mit mnemotechnischen Mitteln auswendig zu lernen, tritt dann einerseits die Möglichkeit, neue Textformen zu schaffen, andererseits die Freiheit, bestehende Texte auf neue Weise zu deuten und auszulegen. Gleichzeitig mit der antirhetorischen Genieästhetik entsteht im 18. Jahrhundert auch die moderne Hermeneutik, mit der ein ganz neuer Modus kultureller Kommunikation etabliert wird, den man auf die Formel bringen kann: »›Sinn‹ statt ›memoria‹« (Fohrmann 1994, S. 25).

An der Wende zum 19. Jahrhundert kommt also die Vorstellung, antike Muster reichten zum angemessenen Umgang mit den Herausforderungen der Gegenwart aus, an ihr Ende. Die Formel, die dieser Vorstellung Ausdruck verleiht, »historia magistra vitae« (die Geschichte ist Lehrmeisterin des Lebens), ist selbst ein Topos, und man kann also sagen: Die topische Organisation der abendländischen Kulturgeschichte kommt an ihr Ende, wenn der Topos dieser Organisationsform, dass man nämlich aus der Tradition lernen könne, an Kredit verliert (Koselleck 1967/1979). Kulturgeschichte bedeutet dann nicht mehr, die Gegenwart als bloße Wiederholung vorgegebener antiker Konstellationen zu verstehen, sondern auf die neu erkannte Wandlungsfähigkeit und

Dynamik historischer Prozesse Rücksicht zu nehmen. Das Ende der Rhetorik als Orientierung für kulturelle Artikulationsformen geht also, indem es mit der Kontinuität und wiederholenden Fortsetzung dieser Artikulationsformen bricht, zwangsläufig mit einem neuen Geschichtsbild einher. Vor diesem Hintergrund reagieren die im engeren Sinne kulturhistorischen Entwürfe bei Herder oder Hegel, die oft als Ahnherren der Kulturwissenschaften betrachtet werden, auch auf die gewandelte Funktion des Gedächtnisses (Kittler 2000). Die Gesellschaft der Moderne ist seit der ›Sattelzeit‹, wie der Historiker Reinhart Koselleck den Zeitraum von ca. 1750 bis 1850 genannt hat, innerhalb dessen der historische Erfahrungsraum der Moderne entsteht, auf die Zukunft ausgerichtet: Politik, Wissenschaft und Kultur werden nicht mehr als bewahrende Wiederholungen, sondern als voranschreitende Neuentwürfe einer allererst zu gestaltenden Zukunft verstanden, und die Funktion des Gedächtnisses gilt somit nicht mehr der Bewahrung des Unveränderbaren, sondern der Konstruktion und Begründung von Wandel, Veränderung und Innovation.

Es gibt aber noch eine zweite Bewegung, die endgültig mit der Vorherrschaft des rhetorischen Gedächtnisses bricht: die neuen Wissenschaften vom Menschen, die sich ausgehend von der Erforschung seiner Physiologie seit der Mitte des 19. Jahrhunderts immer intensiver mit psychischen Vermögen auseinandersetzen (Hagner 1997). Zu diesen gehört auch die Erinnerung, die zum Gegenstand verschiedener Forschungsprojekte und Theorien wird: Im Rahmen der experimentellen Psychologie in Deutschland überprüft Hermann Ebbinghaus die Merkfähigkeit des Menschen, indem er seine Versuchspersonen Silbenketten reproduzieren lässt und beobachtet, unter welchen Bedingungen welche Informationen wie lange behalten werden. Diese Beobachtungen werden in eine statistische »Vergessenskurve« eingetragen. Ebbinghaus (1885) wählt hierzu sinnlose Silbenfolgen, um jeder semantischen Hilfskonstruktion vorzubeugen und die Merkfähigkeit tatsächlich als abstrakte Größe abbilden zu können. Er steht damit im Zusammenhang empirisch-positivistischer Ansätze – etwa der Assoziationsexperimente des Leipziger Gründungsvaters der experimentellen Psychologie Wilhelm Wundt –, die das Gedächtnis gestützt auf physiologische und neurobiologische Prozesse denken. Hierzu gehört die Theorie der Mneme von Ewald Hering (1870) und Richard Semon (1904) ebenso wie Sigmund Freuds (1895) frühe Theorie psychischer Bahnungen: Semon und Hering nehmen an, dass der neuronale Erregungszustand, der mit einer Wahrnehmung einhergeht, von einem Organismus als »Engramm« gespeichert wird und bei Wiederreizung erkannt oder aber spontan reproduziert (»Ekphorie«) werden kann. Freud geht davon aus, dass die Verknüpfung bestimmter Nerven durch eine Wahrnehmung bei erneuter Wahl einer solchen Verknüpfung mit einem niedrigeren Energieaufwand einhergeht als die Etablierung einer neuen und auf diese Weise bevorzugt wiedergewählt – und also erinnert – wird (Baddeley 1976/1979).

Die experimentelle, physiologische und neurobiologische Gedächtnisforschung rekurriert in allen Fällen auf Sprache als Untersuchungsgegenstand oder auf Schrift als vorstellungsbildende Metapher für Erinnerungsvorgänge. Damit ist der kulturelle Kontext auch der empirischen Gedächtnisforschung deutlich. Hinzu kommt, dass nicht nur Freud selbst in seinem späteren Werk von einer bloß physiologisch-neurobiologischen Gedächtnistheorie abrückte und sein Modell des Unbewussten zunehmend durch biografische und soziokulturelle Aspekte erläuterte. Gegen die statistische Messbarkeit und Quantifizierbarkeit von Erinnerungsvorgängen hatte sich bereits Henri Bergson (1896/1991) gewandt, der das Gedächtnis zwar einerseits ebenfalls auf Körpergewohnheiten zurückführte, zugleich aber auch die mathematisierbare

Zeitstrukturen überwindende Subjektivität von Erinnerungen betonte. In den 1930er Jahren schließlich hielt F. C. Bartlett (1932) der bloß naturwissenschaftlichen Gedächtnisforschung entgegen, sie berücksichtige nicht die sozialen Handlungs- und Sinnkontexte, innerhalb deren Erinnerungen konstruiert werden, womit sich auch die psychologische Gedächtnistheorie an kulturelle Bedingungen verwiesen sah. Diese kulturellen Bedingungen psychischer Vermögen beschrieb Maurice Halbwachs wenige Jahre später in seiner Theorie des sozialen Rahmens der Erinnerung als ›kollektives Gedächtnis‹ (vgl. Kapitel I.4).

Es zeigt sich, dass die Frage, ob das Gedächtnis Teil der biologischen Natur des Menschen sei oder eine erlern- und wandelbare Kulturtechnik, nicht entschieden werden kann, sondern nur die beiden Extrempole der Gedächtnistheorie beschreibt. Heute verfügt man in der Medizin über mehr oder weniger exakte Beschreibungen derjenigen neuronalen Prozesse, die zu Erinnerungsphänomenen führen (Squier/Kandel 1999) und hat die verschiedenen Gedächtnisfunktionen in der Psychologie terminologisch hinreichend differenziert (Tulving/Donaldson 1972). Dennoch ist zugleich auch die soziale Struktur des Gedächtnisses immer weiter erforscht (Welzer 2002, Middleton 2009) und auch in die naturwissenschaftliche Diskussion – z. B. durch den radikalen Konstruktivismus (Schmidt 1991, Berek 2009) oder die narrative Psychologie (Hirsch 1997, Straub 1998) – integriert worden. Besonders intensiv wurden zuletzt die medialen Formen des kollektiven Erinnerns diskutiert (Esposito 2002, Erll/Nünning 2004, Zierold 2006, Borsò 2008, Erll/Rigney 2009, Steinberg/Meißner/ Trepsdorf 2009, Neiger 2011). Das Gedächtnis ist also ein natürliches und ein kulturelles Vermögen zugleich – und nur in diesem interdisziplinären Verständnis wird man den verschiedenen Spielarten und Ausdrucksformen des Phänomens gerecht (Pethes/ Ruchatz 2001).

2. Vergangenheit oder Gegenwart? Die kulturelle Funktion der Erinnerung bei Nietzsche

Etwas schematisch und überspitzt wird man das Voranstehende wie folgt resümieren können: Bis ins 18. Jahrhundert hinein wurde von der Erinnerung als einem inneren Vermögen des Einzelnen das Gedächtnis als eine Kulturtechnik unterschieden, mittels deren alle schriftlichen Artikulations- und Überlieferungsformen gleichermaßen strukturiert werden, was dazu führt, dass dieser Prozess der Überlieferung als Wiederholung und Bestätigung des Althergebrachten verstanden wurde. Wenn nun im 19. Jahrhundert diese rhetorische Gedächtnislehre dem Imperativ der Innovation weicht und das ›Alte‹ nicht mehr selbstverständlich Vorbild für die Gegenwart ist, das es einfach zu wiederholen gilt, und wenn das Gedächtnis zugleich zum Gegenstand von Gehirnphysiologie und später Psychologie wird, so scheint damit einer ›kulturwissenschaftlichen‹ Perspektive auf das Phänomen auf zweifache Weise der Blick verstellt. Dass das 19. Jahrhundert aber ganz entgegen dieser Intuition der Entstehung im engeren Sinne kulturwissenschaftlicher Gedächtnistheorien Raum gibt, ist ein erster Anhaltspunkt für die dieser Einführung zugrunde liegende These, dass Gedächtnistheorien stets als Reaktionen auf Krisen der Erinnerung und Überlieferung zu begreifen sind. Und diese Krise besteht im fraglichen Zeitraum nicht etwa darin, dass mit dem Ende topischer Wissensordnungen tatsächlich keine kulturhistorische Erinnerung mehr stattgefunden hätte. Das Gegenteil ist der Fall: Das 19. Jahrhundert ist das Zeitalter des Historismus, der großangelegten Projekte zur Sammlung und Archivierung jedweder Überbleibsel aus der Vergangenheit (Rüsen 1993). Auch solche Projekte – das umfangreichste und bekannteste sind die *Monumenta Historiae Germanica* – sind erst auf der Grundlage der erwähnten Medienrevolution des modernen Massenbuchmarkts denkbar. Neben dieser neuen, positiven Geschichtswissenschaft entstehen die bereits erwähnten Entwürfe zu einer Entwicklungsgeschichte der Kulturen in der Nachfolge Vicos und Herders.

Die Krise des Gedächtnisses betrifft im 19. Jahrhundert mithin nicht die schiere Existenz der Erinnerung allein, sondern lediglich seinen Modus: Gemeinsam ist den beiden Tendenzen, dass sie nicht länger der bloß zu wiederholenden Autorität des Gewesenen verpflichtet sind. Damit stellt sich die Frage nach der Funktion der kulturhistorischen Erinnerung, und wo diese infrage steht, ist es nicht verwunderlich, dass die erste der hier vorgestellten im engeren Sinne kulturwissenschaftlichen Gedächtnistheorien nicht etwa als Manifest, sondern vielmehr als Kritik der Gedächtnispraxis ihrer Zeit konzipiert wurde.

Die Rede ist von Friedrich Nietzsches zweiter seiner insgesamt vier ›Unzeitgemässen Betrachtungen‹, die 1874 unter dem Titel *Vom Nutzen und Nachtheil der Historie für das Leben* erschienen ist. Ihr Autor ist mit allen bislang angesprochenen Aspekten wohlvertraut: Nietzsche hatte in Basel einen Lehrstuhl für Rhetorik inne; er rezipierte intensiv die physiologische und psychologische Forschung seiner Zeit; und er formulierte in seinem späteren Werk selbst kulturhistorische Thesen, die unter dem Titel *Genealogie der Moral* (1887) der Entstehung (und folglich historischen Relativität) des Wertesystems des christlichen Abendlands nachgingen.

Dieser Impuls prägt auch Nietzsches Kritik an der Geschichts-wissenschaft und Erinnerungskultur seiner Zeit. Das Vorwort zu seiner Abhandlung über die Historie beginnt mit dem durchaus in den Kontext des Endes der topischen Rhetorik gehörenden Goethe-Zitat »Uebrigens ist mir Alles verhasst, was mich bloss belehrt, ohne meine Thätigkeit zu vermehren, oder unmittelbar zu beleben« (Nietzsche 1874/1988, S. 245). Den ersten Abschnitt seiner Schrift eröffnet Nietzsche mit einem starken Bild: »Be-trachte die Herde, die an dir vorüberweidet: sie weiss nicht was Gestern, was Heute ist, springt umher, frisst, ruht, verdaut, springt wieder, und so vom Morgen bis zur Nacht und von Tage zu Tage, kurz angebunden mit ihrer Lust und Unlust, nämlich an den Pflock des Augenblickes und deshalb weder schwermü-thig noch überdrüssig.« (Ebd., S. 247)

Den Menschen aber, der dieses Bild einer von jeglichem his-torischen Bewusstsein ungetrübten Daseinsform gemäß Nietz-sches Auftrag betrachtet, muss diese Selbstvergessenheit irritieren: Einerseits weiß er sich, nicht zuletzt aufgrund seines Vermögens zu erinnern, dem Tier überlegen. Andererseits kennt er aber nur zu gut jene Schwermut und den Überdruss, von denen die Her-de verschont bleibt. Ist das Gedächtnis möglicherweise gar kein Segen, sondern der Fluch des Menschen? »Er wundert sich aber auch über sich selbst, das Vergessen nicht lernen zu können und immerfort am Vergangenen zu hängen: mag er noch so weit, noch so schnell laufen, die Kette läuft mit.« (Ebd.)

Nietzsche wendet damit die platonische Konzeption, das ge-samte Leben sei eine Wiedererinnerung an die Ideenschau, in ihr Gegenteil: »es ist möglich, fast ohne Erinnerung zu leben, ja glück-lich zu leben, wie das Thier zeigt; es ist aber ganz und gar un-möglich, ohne Vergessen überhaupt zu leben. Oder, um mich noch einfacher über mein Thema zu erklären: *es giebt einen Grad von [...] Wiederkäuen, von historischem Sinne, bei dem das Leben-*

dige zu Schaden kommt, und zuletzt zu Grunde geht, sei es nun ein Mensch oder ein Volk oder eine Cultur.« (Ebd., S. 250)

Damit überträgt Nietzsche den Prozess des Erinnerns und Vergessens ausdrücklich vom individuellen Gedächtnis auf den Umgang, den Kollektive mit ihrer Vergangenheit pflegen. Seine Invektive, der Bezug auf diese Vergangenheit sei dem Leben schädlich, gründet sich dabei auf einen bestimmten Begriff von ›Leben‹, den Nietzsche als »*plastische Kraft*« definiert: Gerade weil das Leben im biologischen, aber auch im biografischen und sozialen Sinne ein der Zukunft zugewandter Prozess des Werdens, Schaffens und Entstehens sei, müsse es sich von einer bloß rückwärtsgewandten Perspektive lossagen, um sein Potenzial, Neues zu bilden, nicht durch das trügerische Versprechen historischer ›Bildung‹ zu gefährden: »Die historische Bildung ist vielmehr nur im Gefolge einer mächtigen neuen Lebensströmung, einer werdenden Cultur zum Beispiel, etwas Heilsames und Zukunft-Verheissendes, also nur dann, wenn sie von einer höheren Kraft beherrscht und geführt wird und nicht selbst herrscht und führt.« (Ebd., S. 257)

Kritik und Leistung der Erinnerung auf der Ebene von Kulturen differenziert Nietzsche, indem er verschiedene Formen der Historie beschreibt: die monumentalische, die antiquarische und die kritische. Alle drei sind Formen, auf die der Mensch, wie Nietzsche konzediert, als soziales Wesen nicht ganz verzichten kann, solange sie im Dienst des Lebens stehen. Allen dreien wohnt aber die Gefahr inne, sich gegenüber dem Primat des Lebens zu verselbständigen: Als monumentalisches Geschichtsverständnis können wir mit dem hier vorgeschlagenen Blick das Zeitalter vor dem Ende der Rhetorik verstehen, in dem die Leistungen der Vergangenheit zeitlose Vorbilder für die Gegenwart sind. In der Folge erstarrt nicht nur die Überlieferung – ein Vorgang, den Nietzsche auf dem Gebiet der Kunst als Kanonbildung entlarvt –, die Gegenwart selbst wird zugleich jeglicher möglicher Wertschätzung enthoben, da alles Verehrungswürdige seine Autorität stets aus dem Gewesensein bezieht.

Demgegenüber beschreibt das antiquarische Geschichtsverständnis die positivistische Tendenz des Historismus, die das Bewahren des Vergangenen als Selbstzweck versteht und die Nietzsche »das widrige Schauspiel einer blinden Sammelwuth, eines rastlosen Zusammenscharrens alles einmal Dagewesenen« (ebd., S. 268) nennt. Hier ist nicht nur das Autoritätsgefälle zwischen Gegenwart und Vergangenheit zu diagnostizieren, sondern der Verlust der sich selbst fortzeugenden Lebenskraft durch Verharren beim Gewesenen selbst. Deshalb bedarf es drittens der kritischen Bezugnahme auf die Geschichte, die der lebensfeindlichen Tendenz des Verehrens und Bewahrens die Hinterfragung und Verurteilung des Gewesenen entgegenstellt. Der selige Zustand der Vergessenheit wird auch hier nicht erreicht, aber immerhin stellt sich der Mensch dem »Widerstreite der ererbten angestammten Natur und unserer Erkenntniss« (ebd., S. 270) in Gestalt der kritischen Reflexion der eigenen Gedächtnisinhalte.

Einer der Pfade dieser Reflexion, den Nietzsche in seinem späteren Werk selbst beschritten hat und der die Stoßrichtung seiner kulturwissenschaftlichen Gedächtniskritik vorgibt, betrifft die Frage nach der Entstehung der in einer Kultur geltenden moralischen Maßstäbe. Verabschiedet man sich vom platonischen Modell einer Idee des Guten, an die die Seele sich im Laufe ihres Erdenwegs mühsam wiedererinnern muss, so wird man Moral nicht länger als ahistorisch-unwandelbaren Maßstab betrachten und nach seiner Entstehung fragen können. Diese Entstehung, oder wie die Schrift von 1887 heißt, *Genealogie der Moral*, besteht Nietzsche zufolge nun in eben dem Prozess, dessen Resultat die Geschichtsverfallenheit des 19. Jahrhunderts darstellt: Insofern jedes moralische Urteil darauf beruht, den Menschen als verantwortlichen Agenten seiner Taten zu betrachten, setzt die Moral die Etablierung eines Gedächtnisses voraus, das diese Zurechnungsfähigkeit verbürgt. Diese Etablierung ist Nietzsche zufolge aus dem bereits bekannten Grund erstaunlich, dass das Leben in seinem Fortgang sein höchstes Potenzial mittels derjenigen »aktiven Vergesslichkeit« (Nietzsche, 1887/1988, S. 291) entfaltet, die es verhindert, dass sein selbstproduktiver Fortgang durch Rückbesinnung auf Vergangenes gebremst würde. Aus diesem Grund betrachtet Nietzsche die Einführung eines Gedächtnisses, das die eigenen Taten auf Moralität hin überprüft – mit anderen Worten: eines Gewissens – als eine Strategie derjenigen Teile einer Gesellschaft, die im bloß augenblicksgebundenen Überlebenskampf unterliegen würden. Das Gedächtnis ist aus dieser Perspektive nichts anderes als ein Machtinstrument, das Schwäche zu kompensieren versteht: Es führt in Gestalt des schlechten Gewissens ein Korrektiv ein, das es erlaubt, die Mitglieder einer Gesellschaft zu kontrollieren. Zu den entsprechenden Kontrolltechniken schreibt Nietzsche:

»Es gieng niemals ohne Blut, Martern, Opfer ab, wenn der Mensch es nöthig hielt, sich ein Gedächtnis zu machen; die schauerlichsten Opfer und Pfänder (worunter die Erstlingsopfer gehören), die widerlichsten Verstümmelungen (zum Beispiel die Castrationen), die grausamsten Ritualformen aller religiösen Culte (und alle Religionen sind auf dem untersten Grunde Systeme von Grausamkeiten) – all Das hat in jenem Instinkte seinen Ursprung, welcher im Schmerz das mächtigste Hülfsmittel der Mnemonik errieth.« (Ebd., S. 295)

Damit beschreibt Nietzsche implizit eine der Grundüberzeugungen der kulturwissenschaftlichen Gedächtnistheorie: Das Gedächtnis ist nicht nur ein Bestandteil von Kulturen unter anderen, sondern deren entscheidendes und grundlegendes Element. Eine Kul-

Kultur aus gemeinsamer Erinnerung

tur gewinnt ihre Einheit aus nichts anderem als aus der gemeinsamen Erinnerung, die sich nicht nur in Sitten und Riten manifestiert, sondern durch die Intensität dieser Sitten und Riten überhaupt erst konstituiert wird.

Zugleich wendet Nietzsche diese Grundüberzeugung zu einer Kulturkritik: Er identifiziert den Bezug auf die Vergangenheit als nicht nur lebensfeindliche, sondern geradezu unnatürliche Praxis: Das Gedächtnis gehört nicht zur Natur des Menschen, sondern ist vielmehr ein zu seiner Disziplinierung erfundenes Kulturprodukt.

Nietzsches Kritik am Gedächtnis geht über eine bloße Ablehnung bestimmter geschichtswissenschaftlicher Methoden hinaus. Sein Plädoyer für »Vergesslichkeit« entzieht auch einem Moralsystem den Boden, das beansprucht, auf zeitlos gültigen Werten zu beruhen, obgleich es diese konstruiert und den Menschen anerzogen hat. Das heißt nichts weniger, als dass die kulturwissenschaftliche Gedächtnistheorie mit Nietzsche als ihre eigene Kritik, wenn nicht gar Verabschiedung einsetzt: Eine Gesellschaft darf nicht dem Versprechen der Verwissenschaftlichung der Historiografie erliegen, will sie ihr genuines Potenzial, die Zukunft zu gestalten, nicht verlieren; sie darf nicht der geschichtsphilosophischen Konstruktion des Hegelianismus folgen, der zufolge die Entwicklungsgeschichte des Abendlands zu sich selbst gekommen, d. h. vollendet und vollkommen sei und mithin alles Gegenwärtige nur noch Teil einer bedeutungslosen Nachgeschichte ist. Und sie darf im Gedächtnis keine naturwüchsige Notwendigkeit des Menschen sehen, sondern muss es als eine Kulturtechnik betrachten, die im Dienste gezielter Strategien und Machtinteressen steht.

3. Politik oder Kunst? Ursprung und Überlieferung bei Freud und Warburg

Nietzsches kulturhistorische Überlegungen sind die ersten, die eine Kultur über ihren Umgang mit der Vergangenheit definieren. Indem sie das tun, gehen sie aber zugleich auch auf Distanz zur Instanz des Gedächtnisses, da sie auf der einen Seite einer empirischen Kulturwissenschaft Vorschub leisten, die – wie die im 19. Jahrhundert entstandenen Disziplinen der Philologie oder Altertumskunde – Überliefertes um ihres schieren Überliefertwerdens willen archiviert (Kittler 2000, S. 132 ff.): Der Wert eines vergangenen Objekts bemisst sich in diesen empirischen (oder mit Nietzsche: antiquarischen) Geschichtswissenschaften an dieser Herkunft aus der Vergangenheit, nicht an einer etwaigen Bedeutung oder Funktion für die Gegenwart. Auf der anderen Seite entlarvt Nietzsche die kulturelle Funktion der Erinnerung als Machttechnik, die der Stabilisierung faktisch historisch relativer Moralcodes dient. Nietzsches Schriften bilden daher eine Gelenkstelle: Einerseits erkennt er an, dass Kulturen ihr Selbstverständnis und ihre Einheit aus einem gemeinsamen Rückbezug auf Vergangenheit gewinnen. Andererseits warnt er davor, diesen Rückbezug zum Selbstzweck zu überhöhen. Anstatt also den Zusammenhang zwischen ›Kultur‹ und ›Gedächtnis‹ substanzialistisch festzuschreiben, versteht Nietzsche seine Methode der Genealogie als Ansatz, diesen Zusammenhang zu reflektieren und zu kritisieren.

Entsprechend wird man in der Nachfolge Nietzsches als kulturwissenschaftliche Gedächtnistheorien nicht diejenigen zu verstehen haben, die sich selbst um die kulturelle Überlieferung bemühen, also etwa Grundlegungen der Kunstgeschichte mit ihren verschiedenen Renaissance-Bewegungen und Rückbesinnungen auf die Antike oder das Mittelalter. Kulturwissenschaftliche Gedächtnistheorien sind vielmehr solche, die zu beschreiben versuchen, warum sich eine Kultur überhaupt, z. B. in Gestalt der Tradierung von Kunstwerken, um einen Bezug zur Vergangenheit bemüht.

Diese Beschreibungsversuche kennen nun aber insofern zwei Dimensionen, als man unter ›Kultur‹ im engeren Sinne tatsächlich die Schaffung literarischer, musikalischer und bildkünstlerischer Werke verstehen kann. Im weiteren Sinne ist Kultur aber weit mehr, nämlich die gesamte Einrichtung gesellschaftlicher Lebens- und Kommunikationsformen innerhalb geografisch und zeitlich bestimmbarer Zusammenhänge. Auf die Funktion des Gedächtnisses für diesen zweiten Begriff von Kultur wurde im Anschluss an Nietzsche immer wieder hingewiesen, und zwar auch in Rückgriff auf Nietzsches Szenario einer gewaltsamen Initiation von Gesellschaftsordnungen. So gibt der französische Historiker Ernest Renan in seiner Schrift *Qu'est-ce qu'une nation?* von 1882 eine zweifache Antwort auf die selbst gestellte Frage: Auf der einen Seite sei eine Nation eine Erinnerungsgemeinschaft. Schon der lateinische Wortstamm von ›Nation‹, *natio* (Geburt), verweist auf die gemeinsame Herkunft als Bindeglied einer politischen Gemeinschaft. Solche Gemeinschaften konstituieren sich, indem sie sich auf eine Geschichte ihres Ursprungs einigen, die aus Schöpfungsmythen, Gründungsakten oder heroischen Eroberungs- oder Verteidigungsleistungen bestehen kann. Indem sich alle Mitglieder einer Nation auf diese Ursprungsversion verständigen, können individuelle Differenzen überwunden und ein allgemeingültiger Code für das Selbstverständnis der Nation etabliert werden.

Man sollte dabei nicht den Fehler machen, diese Beschreibung lediglich auf alte Gesellschaftsformen anzuwenden bzw. mythische Erzählungen auf antike Göttergeschichten zu reduzieren. Die Konstitution gesellschaftlicher Einheiten ist vor allem auch ein neuzeitliches Phänomen, und gerade die modernen Nationalstaaten sind ja ein Produkt des 19. Jahrhunderts, in dem Ursprungserzählungen eine ebenso große Rolle spielten wie heute. Betrachtet man, wie z.B. die beiden deutschen Staaten ihre Legitimation und Identität nach 1945 aus jeweils unterschiedlichen Versionen der Geschichte des Nationalsozialismus und des Zweiten Weltkriegs ableiteten, oder bedenkt man die Herkunftsgeschichten, anhand derer die Auseinandersetzungen im jugoslawischen Bürgerkrieg begründet wurden, so hat man Beispiele zur Hand, die belegen, dass Nationen und kulturelle Gemeinschaften bis heute auf der Konstruktion eines gemeinsamen Ursprungs beruhen. In der jüngeren Diskussion werden solche Erinnerungsgemeinschaften daher auch als imaginäre, d.h. lediglich anhand von Erzählungen vorgestellte Einheiten beschrieben (Anderson 1983/1998).

Renan weist in seiner Schrift allerdings mit Nachdruck darauf hin, dass es mit einem solchen Verweis auf die Erinnerung an imaginäre Ursprünge nicht getan ist. Denn auf der anderen Seite enthalten viele Ursprungsgeschichten Hinweise auf die gewaltsame Einsetzung einer Gemeinschaft oder Nation: Historisch ermöglichen Krieg, Eroberung, Vertreibung und Mord die Gründung einer Gemeinschaft, strukturell bedeutet die Einrichtung einer Gesetzesordnung die Monopolisierung von Gewalt auf Seiten des Staats und die Nichtberücksichtigung abweichender Interessen. Derartige gewaltsame Gründungsakte müssen Nationen Renan zufolge eher vergessen als erinnern, um das positive Selbstbild bewahren zu können; im Fall Frankreichs etwa das blutige Geschehen der Bartholomäusnacht (Renan 1882/1995), ein aktuelles Beispiel ist die Diskussion über den Massenmord an der armenischen Minderheit in der Türkei während des Ersten Weltkriegs.

Eine für die Kulturwissenschaften zentrale Fortführung dieser Simultaneität von Erinnern und Vergessen des Ursprungs einer Gemeinschaft bildet Sigmund Freuds Übertragung seiner individualpsychologischen Theorie des Ödipuskomplexes auf die Kulturgeschichte. Den Stellenwert von Gedächtnis und Erinnerung innerhalb der Theorie der Psychoanalyse insgesamt kann man dabei gar nicht hoch genug einschätzen: Freuds Unterscheidung zwischen Bewusstsein und Unbewusstem unterlief die herkömmliche Unterscheidung von Erinnern und Vergessen ja insofern, als das Vergessen nur auf der Ebene des Bewusstseins stattfindet, während es im Unbewussten lediglich Verdrängtes, als solches aber in Gestalt unlöschbarer Bahnungen Aufbewahrtes gibt. Das Unbewusste ist also zum einen ein Dauerspeicher für traumatische Ereignisse und unbefriedigte Triebe; zum anderen die Instanz, von der aus dieses vermeintliche Vergessene die bewusste Wahrnehmung des Subjekts weiter beeinflusst, indem es sich in verwandelter Form ›in Erinnerung‹ bringt: Das traumatisierte Subjekt, in Freuds Worten: der Neurotiker, leidet unter dem »Wiederholungszwang«, die unbewältigten Erinnerungen immer wieder in verwandelter und symbolisch überformter Weise aufs Neue zu durchleben (Freud 1920/1999). Die psychoanalytische Therapie schließlich besteht darin, diese verwandelten Wirkungen des Verdrängten »durchzuarbeiten«, d. h. dergestalt zu wiederholen, dass ihr eigentlicher Ursprung ersichtlich und das heißt das Subjekt wieder zu einer bewussten Erinnerung an die verdrängten Traumata fähig wird (Freud 1885/1999).

Inwieweit ist Freuds Theorie verdrängter Erinnerungen nun von kulturwissenschaftlichem Interesse? Freuds populärste Version für die kindliche Triebstruktur ist der sogenannte Ödipuskomplex, also das angebliche Begehren des männlichen Kindes, sich mit seiner Mutter zu vereinigen und den Vater als Rivalen zu töten. Für die psychosexuelle Entwicklung des Individuums konzipiert Freud für diese Konstellation eine »Urszene«, in welcher das Kind des Geschlechtsverkehrs zwischen seinen Eltern ansichtig wird (Freud 1918/1999). Diese Urszene löst Freud zufolge das doppelte ödipale Begehren zu besitzen und zu töten aus, verdrängt es als sozial und moralisch unrealisierbares und sublimiert es anschließend zur kindlichen Elternliebe – um aber in dieser ›latenten‹ Form im erwachsenen Subjekt therapiebedürftige Neurosen auszulösen. In seiner Schrift *Totem und Tabu* (1912) überträgt Freud diese ödipale Urszene auf den menschheitsgeschichtlichen Ursprung zivilisatorischer und kultureller Ordnungen: Der Übergang von einer prähistorischen Urhordenexistenz des Menschen, innerhalb deren alle Mitglieder einer Gruppe der willkürlichen Autorität des Vaters wie seinem Alleinverfügungsanspruch über die Frauen der Horde unterliegen, zur Kultur vollzieht sich, indem die Brüder den Vater ermorden und mit der Mutter Inzest begehen. Damit etablieren sie eine neue Gesellschaftsordnung, die auf der neu entdeckten Macht ihrer Gemeinschaftlichkeit beruht, der in der Folge bloße egoistische Bedürfnisse untergeordnet werden. Auf diese Weise beschreibt Freud den Ursprung der Kultur einerseits als gewaltsamen Emanzipationsakt, andererseits aber auch als Beginn einer sozialen Triebunterdrückung, die in der Folge für das von Freud 1930 beschriebene *Unbehagen in der Kultur* verantwortlich ist.

Kulturen beruhen damit auf einem Initiationsereignis, das zugleich ein Tabu darstellt und mithin gleichermaßen auf Erinnerung und Vergessen beruht: Die Gesellschaftsordnung ist nur entstanden, weil das Verbot, den Vater zu töten, überschritten wurde. Die Gründung der Gemeinschaft verdankt sich damit einem Ereignis, an das man sich nicht erinnern darf, weil es – im Sinne Renans – einen gewaltsamen Tabubruch darstellt. Zugleich kann es – im Sinne Nietzsches – auch nicht vergessen werden, weil seine Gewaltsamkeit die moralische Ordnung der Gesellschaft durch die Konstitution eines gemeinsamen Schuldbewusstseins verbürgt, das sich im neuerlichen Verbot von Vatermord und Mutterinzest niederschlägt. Diesem simultanen Anspruch von Erinnern und Vergessen werden Gemeinschaften Freud zufolge nun dadurch gerecht, dass sie das fragliche Ereignis in symbolisch transformierter Form wiederholen – und auf diese Weise mit kollektiven Traumata tatsächlich genauso umgehen wie der Zwangsneurotiker auf der Ebene individueller Traumata. Angesichts des Totemkults unter damals so genannten ›Wilden‹ oder ›Naturvölkern‹ kann Freud so einerseits resümieren: »Die Totemmahlzeit, vielleicht das erste Fest der Menschheit, wäre die Wiederholung und die Gedenkfeier dieser denkwürdigen, verbrecherischen Tat, mit welcher so vieles seinen Anfang nahm, die sozialen Organisationen, die sittlichen Einschränkungen, die Religion.« (Freud 1912/1999, S. 426) Insofern das Totemfest den Vatermord aber durch die symbolische Übertragung auf die Tötung und nachfolgende Tabuisierung eines Tiers überträgt, gilt umgekehrt: »So verhalf der Totemismus dazu, die Verhältnisse zu beschönigen und das Ereignis vergessen zu machen, dem es seine Entstehung verdankte.« (Ebd., S. 429)

Erinnerung und Vergessen sind also weniger Kontrahenten als Komplizen bei dem Projekt der Etablierung einer gemeinschaftskonstituierenden Ursprungsgeschichte, indem sie den Gründungsakt einer solchen Gemeinschaft sowohl als »Triumph« feiern als auch in »nachträgliche[n] Gehorsam[ ]« (ebd., S. 430) verwandeln. Und die kulturwissenschaftliche Rekonstruktion dieser

Zusammenhänge, wie Freud sie leistet, gibt – analog zur Therapie des individuellen Neurotikers – Einsichten in die Gründe für das Unbehagen in der Kultur noch des modernen Menschen, also etwa Diagnosen der Entfremdung und Technifizierung der Lebenswelt bzw. die Sehnsucht nach einer vermeintlich ursprünglichen Natur.

Freuds psychosoziale Kulturtheorie gilt in ihrem theoretischen Modell von Verdrängen, Wiederholen und Durcharbeiten heute sowohl individualpsychologisch als auch kulturhistorisch als bloße Spekulation. Zwei Aspekten seines Entwurfs werden wir aber im weiteren Verlauf der Geschichte kulturwissenschaftlicher Gedächtnistheorien wiederbegegnen: zum einen der Beobachtung, dass Kulturen sich ihres – wie auch immer imaginär, symbolisch oder narrativ überformten – Ursprungs durch rituelle Inszenierungen wie z. B. Feste erinnern; zum anderen der Befürchtung, die etwa im Zusammenhang mit der sogenannten Bewältigung der nationalsozialistischen Vergangenheit im Nachkriegsdeutschland geäußert wurde, dass eine Gesellschaft, die ihre Vergangenheit vergesse, gezwungen sei, sie zu wiederholen. Hier zeigt sich, dass Erinnerung nicht nur zur Beschreibung der Konstitution von Kulturen benötigt wird, sondern auch als anhaltende kulturelle Praxis verstanden wird. Dass dabei auch Freuds Modell der Erinnerung in Kulturen im Zeichen kollektiver Pathologien steht, belegt einmal mehr den Zusammenhang zwischen Gedächtnistheorie und Krisendiagnose.

Bereits am Anfang des 20. Jahrhunderts wurde auf die erwähnte Weise der konstitutive Zusammenhang zwischen Gedächtnis und Kultur beschrieben. Bedenkt man, dass im selben Zeitraum auch die ersten Versuche unternommen wurden, die Kulturwissenschaft akademisch zu institutionalisieren (Rickert 1899/1986), so wird der enge Zusammenhang zwischen Kultur- und Gedächtnistheorie auch historisch greifbar. Die Beschäftigung der Kulturwissenschaftler mit Gedächtnisphänomenen betrifft dabei aber auch die Kultur im engeren Sinne, d. h. Hervorbringungen der Kunst. Insbesondere der Hamburger Kunsthistoriker Aby Warburg bemühte sich darum, die herkömmliche Kunstgeschichte mittels einer kulturwissenschaftlichen Gedächtnistheorie umzuschreiben: Warburg zufolge sind Werke der bildenden Kunst nicht nur hinsichtlich ihrer jeweils epochenspezifischen Stileigentümlichkeiten oder als geniale Spitzenleistungen zu betrachten, sondern auch als ein Aufbewahrungsspeicher für intensive Erlebnisse und affektive Ausdrucksformen des Menschen. Entgegen dem harmonisierenden Klassikverständnis einer auf Symmetrie und Mäßigung beruhenden antiken Kunst, wie es im 18. Jahrhundert etwa bei Johann Joachim Winckelmann oder Friedrich Schiller vorherrschte, wies Warburg, gestützt auf Friedrich Nietzsches Gegensatz zwischen (idealisierenden) apollinischen und (orgiastischen) dionysischen Kräften in der griechischen Tragödie, auf die Erregungsintensität hin, die sich in der Bildkunst niederschlägt – und zwar im positiven Sinn von Ekstase ebenso wie im negativen von äußerstem Leid. Die Kunst prägt Warburg zufolge für diese Affektzustände »Pathosformeln«, d. h. die Visualisierung innerer Ergriffenheit durch Gebärden und Körperhaltungen. Insofern die Werke der bildenden Kunst diese gestischen Pathosformeln von der Antike über die Renaissance bis in die Moderne verwendeten, bildeten sie eine Kontinuitätslinie, die Warburg im Rückgriff auf die Begriffe ›Mnem‹ und ›Engramm‹, welche die Evolutionsbiologen Ewald Hering und Richard Semon um 1900 in die Gedächtnisforschung eingeführt hatten, als gedächtnishaft beschreibt (Rieger 1998): Die Wiederkehr künstlerischer Formen, Symbole und Motive in über zwei Jahrtausenden abendländischer Kunstgeschichte sei weniger als expliziter Traditionszusammenhang anzusehen, sondern als Beleg eines allen Künstlern gemeinsam zur Verfügung stehenden Erinnerungsschatzes an intensive menschliche Erfahrungen und ihren körperlichen Ausdruck. Die Abbildungsweisen des Pathos sind in diesem Verständnis *kulturelle* Engramme, d. h. symbolisch und medial manifestierte Spuren von Empfindungen. Dieses Kunstverständnis führt dazu, dass Warburg Kulturwissenschaft als Zusammenspiel von Kunstgeschichte und Gedächtnispsychologie beschreibt, wobei Letztere ausdrücklich auf den kollektiven Prozess der Tradierung, nicht auf die mentale Disposition des Künstlers bezogen wird:

»Eine kunstwissenschaftlich gerichtete Kulturwissenschaft sieht das Kunstwerk erst in zweiter oder dritter Linie als Objekt einer Atelier-Psychologie an; für sie befindet sich das bildhafte Element, wo immer es auch auftaucht, in der Schatzkammer der seelischen Dokumente, die angeordnet sind nach der Spannung des Ichgefühls und der Selbstempfindung, das zwischen triebhaft leidenschaftlicher Entladung und intellektuell mässigender Bildung seinen Stil sucht. Bei dem Konflikt zwischen diesen beiden Polen und Verhaltensweisen greifen nun die antiken Vorprägungen, aufbewahrt im Schatzbehälter des Gedächtnisses stilbildend dadurch ein, dass die überlegene, innere Lebensfülle heidnischer religiöser Ergriffenheit, ebenso wie nach der anderen Seite hin die Vorprägung der souveränen [...] der praktischen Selbstbehauptung (weltentrückter Weisheit) im Ablauf dieser polaren Energetik zur Uebernahme dieser polaren Ausdruckswerte in den Kreislauf der Formensprache zwingen.« (Warburg 1928/1991, S. 88)

Die kulturellen Engramme vermitteln also immer wieder aufs Neue den Widerstreit zwischen nach Ausdruck strebendem, formlosem Empfinden und dem logisch-strukturierenden Formbildungsversuch, insofern sie an beiden teilhaben, ohne ganz mit einer der beiden Seiten zusammenzufallen. Das heißt, dass die Kunstgeschichte jenseits ästhetischer Urteile oder historischer Einordnungen als kollektives Bildgedächtnis fungiert. Historisch wird diese Kunstgeschichte aber nach wie vor betrachtet, insofern Warburg für die unterschiedlichen Epochen unterschiedliche Ausformungen der Pathosformeln identifiziert – und den kulturellen Prozess der Erinnerung auf diese Weise als dialektisches Zusammenspiel von identischer Bewahrung und modifizierendem Aufgreifen beschreibt. D.h., nicht die Überlieferung der Werke bildet einen kulturellen Gedächtniszusammenhang, sondern es ist genau umgekehrt die Tatsache, dass jedes einzelne Werk auf Erinnerungen bezogen ist, die das abendländische Kontinuitätsbewusstsein etabliert: »die Wiedererinnerung antiker Ausdruckswerte in Wort und Bild als energetische Funktion europäischen Menschentums« (ebd.).

Trotz der terminologischen Anleihen bei der zeitgenössischen Psychologie in Gestalt von Engrammen und Seelenenergie ist Warburgs entscheidender Beitrag für eine kulturwissenschaftliche Gedächtnistheorie im Hinweis auf die materielle Grundlage der Erinnerung zu sehen: Kulturhistorische Zusammenhänge bilden sich nicht durch das Festhalten an zeitlosen Ideen oder Idealen, sondern bedürfen ganz konkreter medialer Träger. Hierfür sind nicht zuletzt Warburgs eigene Arbeitsprojekte der sprechendste Beleg: Die Pathosformeln der europäischen Kunst dokumentieren die über eintausend Abbildungen seines ›Mnemosyne-Bildatlas‹ (Warburg 1929/2000 und 1929/2010), die Dynamik des kulturellen Gedächtnisses belegt das innovative Katalogisierungssystem der heute zur ›Kulturwissenschaftlichen Bibliothek Warburg‹ ausgebauten Privatbibliothek Warburgs (Gombrich 1970/1992; Kany 1987).

Damit weisen Warburgs Arbeiten im Zusammenhang kulturwissenschaftlich orientierter Gedächtnistheorien zum einen darauf hin, dass kulturelle Überlieferungsprozesse nicht auf der bloßen Existenz von Archiven und Speichermedien beruhen, sondern grundlegend durch die Regelung der Auswahl-, Abruf- und Verwendungskriterien der gespeicherten Daten konstituiert wer-

den. Gerade ein im höchsten Maße von der subjektiven Bildungs-
geschichte seines Herausgebers geprägtes Projekt wie der *Mnemosyne-Bildatlas* zeigt so, dass das Gedächtnis einer Kultur erst
durch die Verwendung und Neukontextualisierung des Vergangenen entsteht.

Zum anderen unterstreicht Warburgs Vorgehen die Bedeutung
von Kunstwerken für den fraglichen Zusammenhang. Die Erinnerung an anthropologische Affektzustände ist nicht nur beiläu-
fig oder auf lediglich illustrierende Weise in Gemälden aufbewahrt,
sondern nur in diesen. Kunst wird damit zu einer zentralen Referenz für kulturelle Erinnerungen, und Warburgs Methode lässt
sich ohne Weiteres auch auf andere Kunstformen, insbesondere
die Literatur, übertragen. Und das nicht nur, weil literarische
Texte als Erzählungen eine zentrale Organisationsform biografischer oder kollektiver Herkunftsgeschichten bilden, sondern insofern die Literatur über die Jahrhunderte Codierungen und Symbolisierungen von Wahrnehmungs- und Erlebensformen etabliert hat, die als mentalitätsgeschichtlicher Speicher verstanden
werden können. In der Literaturwissenschaft nennt man solche
fest eingespielten Codierungen, wie oben bereits erwähnt, Topoi,
loci communes oder Gemeinplätze. Diese Bezeichnungen entstam-
men der antiken Logik und Rhetorik und meint die wiedererkennbare Struktur bestimmter Argumentationsformen und Darstellungsweisen typischer Situationen: Insofern z. B. Szenen eines
erfüllten Liebesglücks seit Jahrtausenden in einer mit einem bestimmten Inventar ausgestatteten Landschaft stattfinden, dienen solche Topoi nie nur der Darstellung der jeweiligen Situation,
sondern erinnern auch an die Kette der vorgängigen Verwendungsweisen desselben Bildinventars und damit an die kulturelle Konstanz entsprechender Vorstellungsräume.

Wir werden auf diese rhetorisch begründete Gedächtnisfunktion solcher (nicht selten zum Klischee erstarrter) Gemeinplätze

zurückkommen, wenn wir unten (Kapitel II.2) noch einmal auf die Bedeutung der rhetorischen Mnemotechnik für die Organisation von Texten eingehen. Zuvor aber ist zu klären, auf welche Weise die allen bisherigen Überlegungen bereits zugrunde liegende Vorstellung von einer die individuelle Erinnerung übersteigenden Form des Gedächtnisses in der Geschichte der Gedächtnistheorie konzipiert worden ist.

4. Individuelles oder soziales Erinnern?
Das kollektive Gedächtnis nach Halbwachs

Mit Nietzsches und Renans Thesen am Ende des 19. sowie Freuds und Warburgs Ansätzen zu Beginn des 20. Jahrhunderts war der Weg für eine kulturwissenschaftliche Gedächtnistheorie geebnet: Das Phänomen der Erinnerung wurde aus dem Zuständigkeitsbereich der Philosophie, vor allem aber der Psychologie, herausgelöst und für die Beschreibung geschichtswissenschaftlicher, sozialpolitischer, kulturtheoretischer und kunstgeschichtlicher Zusammenhänge herangezogen. Diese Übertragung der Konzepte Gedächtnis und Erinnerung von der individuellen Psyche auf im weiteren wie im engeren Sinne kulturelle Aspekte verstand sich dabei aber nicht nur als metaphorische oder assoziative, sondern beanspruchte, die fraglichen kulturellen Zusammenhänge selbst als gedächtnisartige beschreiben zu können.

Zugleich beruht diese Übertragung aber auf einer grundsätzlichen Voraussetzung, die darin besteht, Gedächtnis und Erinnerung nicht mehr als individuelle Operation eines einzelnen psychischen Systems zu begreifen, sondern als soziales oder kollektives Phänomen. Diese Voraussetzung wurde – in Auseinandersetzung mit individualistischen Erinnerungskonzepten in der Philosophie (Henri Bergson) und Psychologie (Sigmund Freud) – von dem französischen Soziologen Maurice Halbwachs in den 1920er und 1930er Jahren begründet.

Von Halbwachs existieren drei Hauptwerke, von denen eines allerdings erst posthum nach der Ermordung ihres Verfassers im Konzentrationslager Buchenwald erschienen ist. In diesen drei Werken entwarf und entwickelte Halbwachs sein Modell eines nicht länger individualpsychologisch, sondern kollektiv verstandenen Gedächtnisses: In *Les cadres sociaux de la mémoire* von 1925 wies er auf die für jeden Erinnerungsvorgang notwendigen sozialen ›Rahmen‹ der Rekonstruktion von Vergangenheit hin; in *La mémoire collective* (1950) spitzte er diese Vorstellung einer sozialen Rahmung individueller Erinnerungen auf das Konzept eines Gruppengedächtnisses zu; in *La topographie légendaire des évangiles en terre sainte* (1941) veranschaulichte er dieses Konzept anhand der im Dienste eines solchen Gruppengedächtnisses stehenden Verbindung konkreter Orte in Galiläa und Jerusalem mit Heiligengeschichten und den damit verknüpften Einrichtungen und Ritualen. Damit nahm Halbwachs, wie Jan Assmann es pointiert formuliert hat, den Übergang von einem Verständnis von Kultur als Gedächtnisphänomen (wie es uns bei Nietzsche, Freud und Warburg begegnet ist) zur Betrachtung des Gedächtnisses als Kulturphänomen vor (J. Assmann 2001, S. 248; vgl. J. Assmann 1992, S. 34-48, sowie Assmann/Hölscher 1988 und Weinrich 1991).

Der erste Schritt in dieser Entwicklungsgeschichte einer Theorie des kollektiven Gedächtnisses besteht also in Halbwachs' Hinweis auf die soziale Rahmung des individuellen Gedächtnisses. Schon hier wird deutlich, dass die Terminologie des ›kollektiven Gedächtnisses‹ keinesfalls – wie es Halbwachs mitunter vorgeworfen wurde – als methodisch unhaltbare Übertragung psychologischen Beschreibungsvokabulars auf Kollektive missverstehen ist. Für derartige Übertragungen gibt es durchaus Beispiele – das bekannteste ist vielleicht Gustave Le Bons Rede von einem »kollektiven Geist« in seiner Schrift *Psychologie der*

Massen von 1895. Das Problem einer solchen Redeweise ist aber, dass sie zur Erläuterung eines neuen Phänomens (und ›Massen‹ im Sinne der Soziologie und Medienwissenschaft sind tatsächlich erst ein Produkt des 19. Jahrhunderts) auf individualpsychologische Modelle zurückgreift. Halbwachs hingegen geht nicht von einer konkreten Instanz eines kollektiven Gedächtnisses aus, sondern argumentiert, dass jeder Erinnerungsvorgang per se als sozialer Prozess zu verstehen ist, oder genauer: Im strengen Sinne individuell sind nur die unmittelbaren Wahrnehmungen und Empfindungen eines Subjekts. Jeglicher Bezug auf derartige Wahrnehmungen und Empfindungen – also etwa der Versuch, sie zu verstehen oder ihnen Ausdruck zu verleihen – nimmt notwendig Bezug auf die gesellschaftlich vorgegebenen Rahmenstrukturen des Verstehens und Ausdrückens.

Halbwachs verdeutlicht dies am Beispiel des Träumens: Der Vorgang selbst vollzieht sich ohne Zweifel in radikaler Isolation. In dem Moment aber, in dem man versucht, sich einen Traum zu vergegenwärtigen oder ihn zu erzählen, bedient man sich des gesellschaftlichen Kommunikationsmediums der Sprache, das man mit anderen Sprechern teilt und das für Erzählungen zeitliche und räumliche Ordnungsschemata bereitstellt, die mit der Erwartungshaltung eines Zuhörers konform gehen und auf diese Weise Erzählen und Verstehen als sozialen Prozess ermöglichen. Halbwachs generalisiert dieses Beispiel, indem er behauptet, jede Erinnerung vollziehe sich in solchen sozialen Zusammenhängen: Nur wenn mir die Bedeutung der gesellschaftlichen und historischen Kontexte eines bestimmten Erlebens bekannt ist, und nur wenn ich voraussetze, dass zumindest einige meiner Mitmenschen dieses Kontextwissen teilen, existiert eine Struktur, auf die sich Erinnerungen beziehen können:

»Man kann sich nur unter der Bedingung erinnern, daß man den Platz der uns interessierenden vergangenen Ereignisse in dem Bezugsrahmen des Kollektivgedächtnisses findet. Eine Erinnerung ist um so reicher, je größer die Anzahl jener Rahmen ist, in deren Schnittpunkt sie auftaucht und die sich in der Tat kreuzen und teilweise gegenseitig decken. Das Vergessen erklärt sich aus dem Verschwinden dieser Rahmen oder eines Teiles derselben, entweder weil unsere Aufmerksamkeit nicht in der Lage war, sich auf sie zu fixieren, oder weil sie anderswohin gerichtet war. [...] Das Vergessen oder die Deformierung bestimmter Erinnerungen erklärt sich aber auch aus der Tatsache, daß diese Rahmen von einem Zeitabschnitt zum andern wechseln. Die Gesellschaft stellt sich die Vergangenheit je nach den Umständen und je nach der Zeit in verschiedener Weise vor: sie modifiziert ihre Konventionen.« (Halbwachs 1925/1985, S. 368)

Auf dieser Grundlage kann Halbwachs argumentieren, dass vollständig isoliert aufgewachsene Kinder – also etwa ein Kaspar Hauser – über keinerlei Erinnerungen verfügen können, weil ihre Erlebnisse ohne soziale Rahmung stattgefunden haben; und möglicherweise stellt seine Theorie auch ein Erklärungsangebot für die Tatsache dar, dass unsere Kindheitserinnerungen meist nur bis zu einem Alter zurückreichen, in dem die entwicklungspsychologischen Voraussetzungen für das Verständnis der sozialen Einbettung der eigenen Existenz bereits gegeben sind.

Neben diesen empirischen Plausibilitäten weist Halbwachs' Ansatz aber auch theoretische Probleme auf, die in *Les cadres sociaux* diskutiert werden. Das erste dieser Probleme ist das Paradox, dass sich das Individuum angesichts der Unmöglichkeit, sich alleine zu erinnern, auf die Erinnerungen anderer Individuen beziehen muss, obgleich diese per definitionem ebenso wenig über derartige Erinnerungen verfügen können. Löst man dieses Paradox auf, indem man darauf hinweist, Bezugsrahmen der Erinnerungen seien nicht die konkreten Erinnerungen anderer, sondern die an keine einzelne Person gebundene Struktur von

Konventionen, so ergibt sich als zweites Problem die Frage, wie ein bloß strukturell gedachter Rahmen konkrete Inhalte evozieren kann.

Die Lösung für diesen vermeintlichen Widerspruch liegt in der logischen Relation zwischen Struktur und Ereignis, die Halbwachs' Entwurf implizit zugrunde liegt und die in der jüngeren Geschichts- und Gesellschaftstheorie explizit gemacht wurde (Koselleck 1973, Luhmann 1984, S. 358 ff.). Dieser Logik zufolge stehen erinnerte Ereignisse der Struktur, zu der sie gehören, nicht gegenüber, und sie sind ihr auch nicht untergeordnet. Vielmehr hängen beide, Ereignis und Struktur, voneinander ab, oder positiv formuliert: Jede Struktur bildet sich aus einer Serie gleichförmiger Ereignisse heraus, umgekehrt gewinnt aber jedes einzelne Ereignis einer Serie erst durch seinen Ort in der Struktur seine Bedeutung. Das heißt, dass der Widerspruch aus der fälschlichen Gegenüberstellung von ›inhaltlicher‹ Erinnerung und ›leerer‹ Struktur entsteht. Tatsächlich gewinnt eine individuelle Erinnerung ihren Inhalt erst durch die Einordnung in eine kollektive Struktur, während die kollektive Struktur aus der Verallgemeinerung der Gemeinsamkeiten einzelner Inhalte entsteht. Jede Erinnerung gehört damit zugleich zwei Bereichen zu: demjenigen des individuellen Erlebens und demjenigen seiner sozialen Bedeutung.

Halbwachs betont diese logische Relation vor allem mit Blick auf die Frage, wie sich Konventionen in ihrer Funktion als ›sozialer Rahmen‹ für die Kontextualisierung von Erinnerungen trotz dieser stabilisierenden Funktion wandeln können. Auch hier gilt:

»die sozialen Überzeugungen besitzen einen doppelten Charakter [...]. Sie sind kollektive Traditionen und Erinnerungen, aber sie sind zugleich auch Ideen oder Konventionen, die aus der Kenntnis des Gegenwärtigen entspringen. Wäre es [...] rein konventionell, so wäre das soziale Denken rein logisch; es würde nur das zulassen, was in die gegenwärtigen Verhält-nisse paßt. Es würde ihm gelingen, bei allen Mitgliedern der Gruppe alle Erinnerungen auszulöschen [...]. Wäre es rein traditionell, so würde es kei-ne Idee und selbst keine Tatsache in sich eindringen lassen, welche mit seinen alten Überzeugungen nicht übereinstimmte.« (Halbwachs 1925/1985, S. 389)

Tatsächlich aber ändern sich soziale Rahmen, weil bestimmte gegenwärtige Ereignisse so in die Struktur eingeordnet werden, dass sie diese rekonfigurieren und damit den Ort und die Bedeu-tung vergangener wie kommender Ereignisse modifizieren: Neue Ideen sind zugleich im Bewusstsein des Bisherigen positioniert, Traditionen werden stets an die jeweilige Gegenwart angepasst.

In seinem ersten Buch exemplifiziert Halbwachs diese not-wendige Existenz eines gleichermaßen stabilisierenden wie an-passungsfähigen sozialen Rahmens am Beispiel von Familien, von Religionsgemeinschaften und von sozialen Klassen. Damit belegt er aber nicht nur, dass das Gedächtnis jedes einzelnen Fa-milienmitglieds, Religionsanhängers oder Klassenzugehörigen so-zial gerahmt, strukturiert und konstituiert wird. Vielmehr kann angesichts der Organisations- und Operationsform solcher so-zialer Gruppen auch von einem dieser Gruppe als Kollektiv ei-genen Gedächtnis die Rede sein, und genau darin besteht Halb-wachs' zweiter Schritt, den er in *La mémoire collective* vornimmt. In der oben gewählten Terminologie besteht dieser Schritt da-rin, dass Halbwachs nun nicht mehr vom Ereignis ausgehend fragt, welches strukturellen Rahmens es für seine Aktualisie-rung bedarf, sondern umgekehrt untersucht, auf welche Weise Strukturen zur Rekonstruktion von Ereignissen beitragen. Wie bereits im Fall der Absage an das psychologische Modell einer individuellen Erinnerung bricht Halbwachs auch in diesem Fall mit einer herkömmlichen Vorstellung, dieses Mal mit der Unterstellung, Erinnerungen bezögen sich auf eine gespeicherte oder aufbewahrte Vergangenheit. Dementgegen argumentiert Halbwachs, dass sich Gruppen – etwa, wenn sie sich die Geschichte ihrer Herkunft oder Begründung erzählen – keineswegs auf eine so und nicht anders existierende Vergangenheit beziehen. Vielmehr entwerfen sie sich jeweils passende Versionen dieser Vergangenheit bzw. heben zumindest diejenigen Entwicklungslinien hervor, die am ehesten auf die aktuell gegebenen gesellschaftlichen Bedürfnisse oder ideologischen Ausrichtungen hinweisen. D. h., dass das kollektive Gedächtnis Vergangenheiten weniger rekonstruiert als konstruiert, entwirft und deutet. Und es impliziert, dass die Gruppenidentität, die bei der Untersuchung der sozialen Rahmen noch als Voraussetzung von Erinnerungen verstanden wurde, aus der umgekehrten Perspektive als Resultat des Erinnerungsprozesses erscheint: »Darum neigt die Gesellschaft dazu, aus ihrem Gedächtnis alles auszuschalten, was die einzelnen voneinander trennen könnte, und darum manipuliert sie ihre Erinnerungen in jeder Epoche, um sie mit den veränderlichen Bedingungen ihres Gleichgewichts in Übereinstimmung zu bringen.« (Halbwachs 1925/1985, S. 382)

Die Theorie des kollektiven Gedächtnisses ist mithin gleichermaßen eine Theorie des kollektiven Vergessens, insofern Halbwachs das Augenmerk auf den interessengesteuerten Selektionsprozess von Erinnerungskonstruktionen richtet. Und dieses Vergessen ist nicht, wie es wiederum individualpsychologische Gedächtnistheorien (zumindest diejenigen vor Freuds Psychoanalyse) vermuten lassen, als mehr oder weniger zufälliger Verlust eines vormaligen Datenbestands anzusehen, sondern als Kehrseite dieses Auswahlprozesses und d.h. als gezielte Strategie.

Der letzte Bestandteil von Halbwachs' theoretischem Entwurf eines kollektiven Gedächtnisses besteht darin, an die Feststellung der Existenz kultureller Rekonstruktions- und Selektionsprozesse die Untersuchung dieser Verfahrensweise im Einzelnen anzuschließen. Halbwachs hat dies am Beispiel der Gedächtnistopografie des Heiligen Landes getan, d. h. der Besetzung konkreter geografischer Orte in Palästina mit Geschichten von für die Identität von Religionsgruppen relevanten Ereignissen und Personen. Das Konkurrieren solcher verschiedener Geschichtsversionen an ein und demselben Ort ist im Fall von Jerusalem als Bezugspunkt des jüdischen, des christlichen und des islamischen Glaubens bis heute zu beobachten. Das kollektive Gedächtnis wird hier greifbar, insofern es das jeweilige kulturelle Selbstverständnis aus dem Zusammenhang von Gedächtnisorten, -erzählungen und -ritualen gewinnt. Damit bietet die Theorie von Maurice Halbwachs, die hier als letzte Station auf dem Entwicklungsweg der Gedächtnistheorie in den Kulturwissenschaften vor dem Zweiten Weltkrieg vorgestellt wurde, einen zentralen Anknüpfungspunkt für die Debatte über die kollektive Erinnerung im Rahmen der nun wieder so genannten Kulturwissenschaften am Ende des 20. Jahrhunderts.

5. Kommunikatives oder kulturelles Gedächtnis? Tradition und Identität nach Assmann

Der bisherige Abriss hat gezeigt, dass jener Zeitraum, innerhalb dessen sich im deutschsprachigen Raum zum ersten Mal die Begründung einer Kulturwissenschaft vollzieht, zugleich auch eine Konjunktur von Gedächtnistheorien erlebt, die bemüht sind, die Kategorie der Erinnerung auf überindividuelle Zusammenhänge zu übertragen. In der gleichen Weise lässt sich auch für den zweiten Einsatz einer Debatte über Kulturwissenschaften – die Ausweitung und interdisziplinäre Verknüpfung von u. a. Ethnologie, Geschichts-, Literatur-, Sozial-, Religions- und Altertumswissenschaften – in den 1990er Jahren die Simultaneität mit kollektiven Gedächtnistheorien beobachten. Die Konstanzer Anglistin Aleida Assmann erklärte das Gedächtnis sogar zum »Leitbegriff der Kulturwissenschaften« (A. Assmann 2002), und ihr Mann, der Heidelberger Ägyptologe Jan Assmann, eröffnete seine bahnbrechende Studie *Das kulturelle Gedächtnis* 1992 mit der Diagnose einer »Epochenschwelle«,

»in der mindestens drei Faktoren die Konjunktur des Gedächtnisthemas begründen. Zum einen erleben wir mit den neuen elektronischen Medien externer Speicherung (und damit: des künstlichen Gedächtnisses) eine kulturelle Revolution, die an Bedeutung der Erfindung des Buchdrucks und vorher der der Schrift gleichkommt. Zum anderen, und damit zusammenhängend, verbreitet sich gegenüber unserer eigenen kulturellen Tradition eine Haltung der ›Nach-Kultur‹ (George Steiner), in der etwas Zu-Ende-Gekommenes – ›Alt-Europa‹ nennt es Niklas Luhmann – allenfalls als Gegenstand der Erinnerung und kommentierenden Aufarbeitung weiterlebt. Drittens [...] kommt gegenwärtig etwas zu Ende, was uns viel persönlicher und existentieller betrifft. Eine Generation von Zeitzeugen der schwersten Verbrechen und Katastrophen in den Annalen der Menschheitsgeschichte beginnt nun auszusterben.« (J. Assmann 1992, S. 11)

Dieser These zufolge könnte man sagen, dass die kulturwissenschaftlichen Gedächtnistheorien am Ende des 20. Jahrhunderts formuliert werden, weil das Selbstverständnis und die Überlieferungsverfahren einer Kultur ihre Selbstverständlichkeit und ihre Funktion verloren haben bzw. bedroht sehen. Auch hier wird Gedächtnistheorie als Symptom einer Krise verstanden, und möglicherweise kann die gesamte sogenannte kulturwissenschaftliche Wende der traditionellen Geisteswissenschaften in den letzten Jahrzehnten als Folge einer solchen Selbstbestimmungskrise gedeutet werden.

Jan Assmann rekurriert bereits auf eine bestehende »Konjunktur« des Themas. Tatsächlich ist es aber kaum übertrieben, das zitierte Buch selbst als Auslöser dieser Konjunktur und zugleich als Fortführung der im vorigen Kapitel in den 1940er Jahren abreißenden Theoriegeschichte anzusehen. Denn Assmann schließt in seinem Werk unmittelbar an Halbwachs' Überlegungen zum kollektiven Gedächtnis an, allerdings dergestalt, dass er einen Aspekt dieses kollektiven Gedächtnisses besonders in den Blick nimmt und weiter ausdifferenziert. Wie wir gesehen haben, umfasst Halbwachs' Theorie den Bereich von der sozialen Rahmung von Erinnerungsdaten bis zu kollektiven Identitätskonstruktionen und gewinnt ihre eigene Distinktion als theoretisches Konzept durch die Abgrenzung vom individuellen Gedächtnis. Wenn Jan Assmann nun vom ›kulturellen Gedächtnis‹ spricht, so rekurriert er dabei auf den Begriff des kollektiven Gedächtnisses, tut das aber in Gestalt einer Binnendifferenzierung: D. h., das kulturelle Gedächtnis ist eine Form des kollektiven Gedächtnisses, die sich von anderen – allen voran von derjenigen, die Assmann das »kommunikative Gedächtnis« nennt – unterscheiden lässt.

Was ist damit gemeint? Die Unterscheidung von kommunikativem und kulturellem Gedächtnis hängt in erster Linie mit dem von Assmann zuerst genannten Anhaltspunkt für die Krise des Gedächtnisses sowie der daraus erfolgenden Konjunktur der Gedächtnistheorie zusammen: der Evolution der Medien. Solange das kollektive Gedächtnis lediglich auf der unmittelbaren Interaktion der Mitglieder einer Gruppe beruht, ist seine Reichweite in zweifacher Weise begrenzt: Mündliche Kommunikation vermag nur einen überschaubaren Zuhörerkreis zu adressieren und sie kann nur in begrenztem Maße erinnert werden. Dieser Sachverhalt ist auch außerhalb der kulturwissenschaftlichen Gedächtnisforschung in Untersuchungen zu sogenannten oralen Gesellschaften beschrieben worden, Gesellschaften also, denen keine externen Speichermedien für die Aufbewahrung und Tradierung von Wissen und Geschichte zur Verfügung stehen (Ong 1982). Die entscheidende Beobachtung der *oral-history*-Forschung – also die Untersuchung der Frage, wie Erfahrungen der Vergangenheit durch Zeitzeugen mündlich weitergegeben werden – hat ergeben, dass dieses Fehlen externer Speichermedien zu einer eigentümlichen Gewichtung des Vergangenheitsbezugs führt: Auf der einen Seite gibt es die Erinnerungen an selbst Erlebtes, die in detaillierten und lebendigen Geschichten erzählt werden können und auf diese Weise zwei bis drei Generationen zur Verfügung stehen. Diese Erinnerungen nennt man biografische Erinnerungen, die in ein Generationengedächtnis einfließen, d. h. diejenigen Erinnerungen, die z. B. innerhalb einer Familie von der Elterngeneration an die Kinder und deren Kinder weitergegeben werden. Wie schnell einsichtig wird, ist eine weitere Überlieferung aus biologischen Gründen selten; an die Stelle der Lebenserinnerungen der Urgroßeltern treten stattdessen diejenigen der Großeltern usw.

Zwei Beobachtungen sind an dieses Modell mündlicher biografischer Erinnerungen, die ein Generationengedächtnis formen, anzuschließen: Die erste ist, dass ein solches auf unmittelbarer kommunikativer Interaktion beruhendes Gedächtnis keinesfalls auf vorschriftliche Kulturen beschränkt ist. Vielmehr existiert es auch in der modernen Medienkultur in gleicher Weise und neben dieser; einige Medien wie z. B. das Radio dienen sogar zu seiner Verbreitung und Intensivierung, und hier wie in anderen Fällen kann festgestellt werden, dass viele mündlich tradierte Erinnerungen viel spezifischer und vollständiger sind als schriftmedial Archiviertes. Dieses Phänomen der Fortexistenz und der Neuentstehung mündlicher Überlieferungsformen in Schriftkulturen nennt man ›sekundäre Oralität‹ (Ong 1982), und sie führt dazu, dass das Phänomen des kommunikativen Gedächtnisses, das auf diesen Formen beruht, auch in modernen Gesellschaften fortexistiert.

Die zweite Beobachtung ist, dass das kommunikative Gedächtnis in der beschriebenen Weise auffallend instabil ist: Bereits das Weitererzählen einer einmal gehörten Geschichte mag eine Reihe beabsichtigter oder unfreiwilliger Modifikationen gegenüber dem ›Original‹ aufweisen, die aber weder kontrolliert noch korrigiert werden können, da dieses ›Original‹ nicht gespeichert wurde und obendrein meist selbst bereits eine Nacherzählung gewesen ist. Hinzu kommt aber, dass die Inhalte des kommunikativen Gedächtnisses aufgrund von dessen beschränkter Reichweite auf zwei bis drei Generationen ständig ersetzt werden müssen. Das hat zur Folge, dass das kommunikative Gedächtnis hinsichtlich jüngst zurückliegender Ereignisse innerhalb einer Gruppe sehr präzise und differenziert sein kann. Sobald diese Ereignisse aber weiter zurückliegen als sechzig bis achtzig Jahre, werden die Instanzen, die noch als biografische Erinnerung über sie verfügen, immer weniger, und die Ereignisse beginnen langsam aus dem Generationengedächtnis zu verschwinden. Diesem Verschwinden stehen aber diejenigen Informationen gegenüber, die für den Beginn der gemeinsamen Geschichte einer Gruppe – also z. B. Schöpfungs- oder Gründungsgeschichten – stehen und die auch ohne die Instanz einer biografischen Erinnerung im kommunikativen Gedächtnis weiter erhalten und entsprechend tradiert werden. Kennzeichnend für orale Gemeinschaften ist mithin, dass sie auf der einen Seite über stabile fundierende Erinnerungen, auf der anderen über wechselnde biografische Erinnerungen verfügen, und dass zwischen beiden eine Lücke klafft, die von der Gegenwart her durch die Reichweite des Generationengedächtnisses markiert wird und sich entsprechend mit dem Fortschreiten der Zeit immer weiter verschiebt.

Dieses Phänomen einer Lücke des kollektiven Gedächtnisses im Falle seiner kommunikativen Tradierung nennt man in der *oral-history*-Forschung im Anschluss an den Ethnologen Jan Vansina (1961/1965) »floating gap«, d. h. eine in Richtung des Zeitstrahls mitfließende Grenzmarkierung der Reichweite des kommunikativen Gedächtnisses. Sie wird anschaulich, wenn man an Assmanns Hinweis auf den Tod vieler Zeitzeugen des Dritten Reichs und des Zweiten Weltkriegs denkt, den er als eine Ursache für die Konjunktur kulturwissenschaftlicher Auseinandersetzungen mit dem Gedächtnis anführt. Diese Auseinandersetzungen resultieren also aus der krisenhaften Bedrohung eines nach wie vor für relevant erachteten Erinnerungsbestandes, und dieser Krise des kommunikativen Gedächtnisses kann nur begegnet werden, indem man die Daten des Generationengedächtnisses von dessen Reichweite unabhängig macht, und das heißt: außerhalb der gegenwartsgebundenen Interaktion einer oralen Generationenkommunikation speichert.

Dieser Schritt, die Transformation von für bewahrenswert erachteten Inhalten des kommunikativen Gedächtnisses in eine generationenübergreifend zugängliche Speicherstruktur, ist nun derjenige, der zur Etablierung des kulturellen Gedächtnisses führt: Das kulturelle Gedächtnis umfasst all diejenigen Bezüge einer Gemeinschaft auf die Vergangenheit, die sich diese Gemeinschaft in personenunabhängiger Form zur Verfügung hält. Insofern es personenunabhängig ist, hat es zwangsläufig eine institutionelle Form, sofern man unter einer Institution eine nach allgemeinen Grundsätzen verfahrende Einrichtung zur Aufbewahrung und Verwaltung von Daten oder Praktiken versteht. In diesem Sinne gehört bereits dasjenige, was oben als fundierende Erinnerung von den biografischen Erinnerungen unterschieden wurde, zum kulturellen Gedächtnis, da die Tradierung von Ursprungsmythen und Gründungsgeschichten in oralen Kulturen stets institutionell verankert ist: sei es durch Initiationsrituale, Feste oder spezifische Ämter wie dasjenige eines Geschichtenerzählers. Insofern ist die Unterscheidung zwischen kommunikativem und kulturellem Gedächtnis nicht analog zu derjenigen zwischen oralen und literalen Gesellschaften. Man muss sich aber nur für einen kurzen Augenblick Nietzsches Invektive gegen die historische Krankheit seiner Epoche vergegenwärtigen, um festzustellen, dass das kulturelle Gedächtnis weit mehr umfasst als nur die Stabilisierung jener nicht zuletzt politisch so bedeutsamen Herkunftsgeschichten, auf die ja schon, jeder auf seine Weise, Renan und Freud hingewiesen hatten: Kulturelles Gedächtnis entsteht immer da, wo bestimmte Ereignisse von einer Gemeinschaft als dauerhaft bewahrenswert eingestuft und entsprechende Verfahren zu ihrer Sicherung festgelegt werden. Die Einspeisung solcher Daten in schriftliche, bildliche oder digital codierte Archive ist dabei bereits als Spätphase der Etablierung eines kulturellen Gedächtnisses zu betrachten. Lange vor den medialen Möglichkeiten der Neuzeit haben Gemeinschaften durch Riten, Feste, die Sakralisierung von Orten und die Bildung eines Kanons des Überlieferungswürdigen diejenige Vergangenheit definiert, aus der sie ihre Identität gewinnen wollten. Halbwachs' Beobachtung, das kollektive Gedächtnis zeichne sich durch seine Rekonstruktivität aus, kann im Falle des kulturellen Gedächtnisses besonders gut studiert werden: Die Bestimmung derjenigen Orte auf der Landkarte Palästinas, aus denen sich die Legitimation der eigenen Religionsgruppe ableiten lässt, die Feier des Jahrestags einer bestimmten Schlacht, die als Gründungsgeschichte der eigenen Nation gilt, oder die Verteilung von Denkmälern und Straßennamen an jene historischen Persönlichkeiten, deren Wirken in Kontinuität mit der Einrichtung der Gegenwart angesehen werden soll, zeigen allesamt, dass das kulturelle Gedächtnis nicht etwa vollständiger oder objektiver als das kommunikative, sondern seinerseits ganz und gar von interessegesteuerten Selektionen geprägt ist.

Die Unterscheidung zwischen kommunikativem und kulturellem Gedächtnis als den zwei Spielarten des kollektiven Gedächtnisses betrifft damit vor allem die jeweilige Funktion, die mit kollektiven Gedächtnisformen verbunden wird, oder genauer: die Funktion, die den jeweiligen Erinnerungen für das Selbstverständnis des Kollektivs zukommt. Während das kommunikative Gedächtnis hierbei zunächst der Alltagsorganisation und -deutung dient, sind mit dem kulturellen Gedächtnis ideologische und politische Zielsetzungen verbunden: Das kulturelle Gedächtnis ist nicht der Speicher des Vergangenen an sich, sondern der Entwurf derjenigen Vergangenheit, die eine Gemeinschaft sich geben will.

In Gestalt des kulturellen Gedächtnisses ist dieser Entwurf identitätskonkret (d.h. nur für eine bestimmte Gruppe verbindlich), rituell organisiert (d.h. in der Verfügung von Spezialisten wie z.B. Priestern oder Historikern und nicht der Allgemeinheit), formal strukturiert (d.h. in seinen Orten, Inhalten und Abläufen festgelegt und nicht dem interpretativen und historischen Wandel wechselnder Träger zwischen den Generationen unterworfen) sowie reflexiv (d.h. in seinem Vollzug auf seine gruppenidentitätsstiftenden Funktionen bezogen und nicht lediglich situationsgebunden).

Wie sich im Folgenden weiter zeigen wird, ist die Unterscheidung zwischen kommunikativem und kulturellem Gedächtnis um eine ganze Reihe weiterer Unterscheidungen zu ergänzen, die die Ausgangsunterscheidung weiter spezifizieren, zugleich aber dafür sorgen, dass die Interaktion zwischen den jeweiligen Unterscheidungsgliedern erkennbar wird. Ein Beispiel für diese logische Relation hatte sich bereits anhand der Tatsache gezeigt, dass die Unterscheidung zwischen kommunikativem und kulturellem Gedächtnis nicht deckungsgleich mit derjenigen zwischen oralen und literalen Kulturen ist, obgleich doch der Begriff der Kommunikation auf mündliche und derjenige der Kultur auf medial fundierte Interaktionsformen zu verweisen scheint. Der Grund für die Inkongruenz dieser beiden Unterscheidungspaare liegt darin, dass auf Seiten des kulturellen Gedächtnisses sowohl orale als auch literale Erinnerungsformen beobachtet werden können. Assmann unterscheidet sie als Formen der rituellen und der textuellen Kohärenz einer Gesellschaft: Die rituelle Variante herrscht in oralen Gesellschaften vor, die sich aufgrund der begrenzten Speicherkapazität der Mündlichkeit keine Variation oder Neudeutung des Tradierten erlauben können, da jede Variation oder Neudeutung sich an die Stelle des bisher Überlieferten setzt und daher die Kontinuität zwischen Vergangenheit und Gegenwart bedroht. In literalen Gesellschaften hingegen sind die Traditionsgehalte situations- und personenunabhängig gespeichert, und jede Bezugnahme auf diese Tradition kann daher auch modifizierend und kritisch erfolgen – in dem Sinne, in dem oben bereits angedeutet wurde, dass im Zuge der Mediengeschichte an die Stelle der auswendigen Wiederholung von Texten die Entdeckung ihrer Mehrdeutigkeit tritt.

Damit zeigt sich, dass im Vollzug der Unterscheidung von kommunikativem und kulturellem Gedächtnis auf Seiten der Kultur das vermeintlich ausgeschlossene Element der mündlichen Kommunikation wiederkehrt – ein Phänomen, das man in der Sprache der formalen Logik als ›Wiedereintritt‹ (»re-entry«, Luhmann 1997, S. 45 f.) eines Unterscheidungsglieds auf der anderen Seite der Unterscheidung bezeichnet. Diese Struktur ist wichtig, weil sie auch die weitere Ausdifferenzierung des Konzepts des kulturellen Gedächtnisses prägt: So hat Aleida Assmann (1999) für die moderne Gesellschaft, die ihr kulturelles Gedächtnis über textuelle Kohärenz organisiert, zwischen einem Speichergedächtnis und einem Funktionsgedächtnis unterschieden. Historisch schließt sie dabei an Überlegungen zur Ablösung eines statischen, auf rhetorischen Regeln beruhenden Verständnisses des Gedächtnisses als reine Erinnerungstechnik (*ars*) durch die Individualisierung und Dynamisierung dieses Gedächtnismodells als ein lebens- und traditionsformendes Vermögen (*vis*) im Sinne Nietzsches an. Systematisch unterscheidet sie zwischen einem Speichergedächtnis, das der bloßen, dafür aber getreuen und unmodifizierten Aufbewahrung der Daten der Vergangenheit dient, und einem Funktionsgedächtnis, das eine zielgerichtete Auswahl aus diesen Daten trifft und sie dergestalt verknüpft, dass sie den Ansprüchen der kollektiven Identitätssicherung Genüge tun. Das Speichergedächtnis ist mithin das vollständige Archiv einer Kultur, das Funktionsgedächtnis seine selektive Nutzung durch das jeweils gegenwärtige Kollektiv. Durch einen solchen Selektionsakt gewinnen die Gedächtnisinhalte Gegenwartsbezug, und man wird sagen können: Aus Sicht der kulturellen Gedächtnistheorie sind ›Vollständigkeit‹ und ›Sinn‹ einander wechselseitig ausschließende Begriffe, insofern beide nur um den Preis des jeweils anderen zu gewinnen sind.

Vor allem aber zeigt sich auch hier wieder, dass die oralen und rituellen Elemente, die durch den historischen Fokus auf textuell kohärierende Gesellschaften ausgeschlossen schienen, auf der Ebene dieser textuellen Kohärenz in Gestalt der Unterscheidung von Speicher- und Funktionsgedächtnis wiederkehren: Das Speichergedächtnis, dessen bloß konservative Operation der Funktion der identischen Wiederholung von Mythen in ritueller Form entspricht, ist nichtsdestotrotz in Schriftkulturen ein Archiv von Speichermedien, z. B. in Gestalt einer Bibliothek oder eines Museums. Auf der anderen Seite beruhen die sinnstiftenden Selektionen aus den Archiven, die das Funktionsgedächtnis kennzeichnen, auf kollektiven Inszenierungen wie Ausstellungen oder der Feier von Jahrestagen, die den Praktiken einer rituellen Gesellschaft entsprechen.

Schließlich lässt sich der gleiche Zusammenhang auf einer weiteren Differenzierungsebene beobachten, die nun das Funktionsgedächtnis betrifft: Hinsichtlich der Intention von dessen sinnstiftenden Selektionen unterscheidet Jan Assmann im Anschluss an den französischen Ethnologen Claude Lévi-Strauss zwischen ›kalten‹ und ›heißen‹ Gesellschaftsformen. Im ersten Fall beziehen sich Kollektive auf die Vergangenheit als eine Zeit, die in keinem Bezug mehr zur Gegenwart steht. Im zweiten Fall werden Erinnerungen mobilisiert, um das gegenwärtige Selbstbild einer Gruppe zu formen und den Einfluss der Vergangenheit auf die Gegenwart zu betonen. Diese zweite Funktion übernimmt in Assmanns Entwurf der Mythos, und aus diesem

Grund bezeichnet Assmann den »selbstbildformenden und handlungsleitenden« Bezug auf die Vergangenheit als »Mythomotorik« (Assmann 1992, S. 79). Auch diese Arbeit mit Mythen kennt wiederum zwei Spielarten: Zielt sie auf den Mythos als Gründungsgeschichte, von der auch noch die gegenwärtige Einrichtung der Gesellschaft abgeleitet werden kann, so spricht man von einer fundierenden Erinnerung, die der Stabilisierung dieser Einrichtungen und Verhältnisse dient. Legt der Mythos aber offen, was der Gegenwart im Vergleich mit der Gründungsgeschichte einer Gemeinschaft verloren gegangen ist, so dass das Ziel dieser Gemeinschaft in der mehr oder weniger revolutionären Abkehr von den gegenwärtigen Zuständen bestehen muss, so liegt ein kontrapräsentischer Vergangenheitsbezug vor, der die Differenz zwischen Vergangenheit und Gegenwart betont. Auch heiße und kalte bzw. fundierende und kontrapräsentische Erinnerungsfunktionen sind aber keineswegs eindeutig auf orale bzw. Schriftkulturen verteilt, sondern können jeweils in beiden vorkommen. D.h., dass die Geschichte der kulturwissenschaftlichen Gedächtnistheorien auf der einen Seite von einem Differenzierungsprozess geprägt ist, der schematisch wie folgt veranschaulicht werden kann:

```
        Gedächtnis
      /
individuell  kollektiv
          /
  kommunikativ  kulturell
              /
        rituell  textuell
              /
          gespeichert  funktional
                    /
                kalt  heiß
                    /
            fundierend  kontrapräsentisch
```

Anne Frank

Lo wir wolle nicht verbrecher als Straßenmann sein

Auf der anderen Seite ist aber zu beachten, dass die auf der jeweils linken Seite ausgegrenzten Unterscheidungsglieder die auf der nächstunteren Ebene weiter differenzierten Elemente weiter prägen: Individuelle Erinnerungen bleiben für das kommunikative Gedächtnis ebenso prägend, wie dieses in rituellen Strukturen eine Rolle spielt. Diese Riten erscheinen weiterhin in Gestalt der Inszenierungen des Funktionsgedächtnisses wieder, während das Speichergedächtnis zum Refugium für ›kalte‹ Erinnerungskulturen werden kann. Diesen Zusammenhängen wird im zweiten Teil dieser Einführung anhand konkreter Fallbeispiele weiter nachgegangen. Zunächst aber ist der historische Abriss kulturwissenschaftlicher Gedächtnistheorien mit einem Alternativvorschlag abzuschließen, der den Zusammenhang zwischen Kultur und Gedächtnis nicht in konkreten Speicher- oder Ritualpraktiken verortet.

6. Erinnern oder Vergessen? Kultur als Gedächtnis der Gesellschaft in der Systemtheorie

Der entscheidende Beitrag, den Jan Assmann zur Geschichte der kulturwissenschaftlichen Gedächtnistheorien geleistet hat, besteht in der äußersten Angleichung der Begriffe ›Kultur‹ und ›Gedächtnis‹: Kultur ist nichts anderes als die Summe derjenigen Einrichtungen, deren Tradierung die Identität eines Kollektivs durch die Zeit herstellt. Aleida Assmanns Unterscheidung zwischen Speicher- und Funktionsgedächtnis weist aber bereits darauf hin, dass das kollektive Gedächtnis in dieser seiner kulturkonstitutiven Rolle weder als Summe aller Gedächtnisinhalte der Mitglieder einer Gesellschaft noch als Gesamtbestand aller archivierten Speichermedien verstanden werden sollte. Aus diesem Gesamtbestand an Daten muss vielmehr ausgewählt werden, da er ansonsten in seiner ›archivarischen‹ Vollständigkeit so nutzlos wird, wie dies Nietzsche bereits angemerkt hatte. Die notwendige Auswahl aus den archivierten Beständen muss, auch das hatte Nietzsches Gedächtniskritik im Blick, auf die Bedürfnisse der Gegenwart bezogen sein, um überhaupt Relevanz für deren Deutung beanspruchen zu können. Nur Selektion garantiert mithin die Praktikabilität und Funktionalität des kollektiven Gedächtnisses.

Eine ganze Reihe von Techniken und Strategien des kulturellen Gedächtnisses, die wir im zweiten Teil dieser Einführung kennenlernen werden, erfüllen keinen anderen Zweck als eben denjenigen einer funktionalen Selektion von Gedächtnisdaten: Die

Auswahl eines bestimmten Gründungsmythos einer Gesellschaft, die Entscheidung für nur wenige Ereignisse in ihrer Geschichte, deren Jahrestage begangen werden, oder die Festlegung eines Korpus verbindlicher Texte aus der Menge des Überlieferten ermöglichen und garantieren gleichermaßen den Erfolg wie die Nachvollziehbarkeit des Identitätsentwurfs einer Gemeinschaft anhand des Rückbezugs auf ihre Vergangenheit. Das kulturelle Gedächtnis erweist sich auf diese Weise als ebenso ökonomisch wie die individuelle Erinnerung, insofern es passende und brauchbare Versionen der Vergangenheit gemäß den Bedürfnissen der Gegenwart auswählt, interpretiert und womöglich auch modifiziert. Dass der 8. Mai in der DDR von Beginn an als Tag der Befreiung von der nationalsozialistischen Diktatur erinnert wurde, und nicht, wie bis 1985 in der Bundesrepublik, als Niederlage der Wehrmacht vergessen, belegt dies ebenso wie die Beobachtung, dass diese Erinnerung die Rolle der Roten Armee bei der Befreiung weit mehr in den Blick nahm als den Anteil der westlichen Alliierten. Das Funktionsgedächtnis einer Kultur ist eine interessengesteuerte Selektion und Perspektivierung der Vergangenheit – erfüllt aber auch nur als solche seinen Zweck, da es ja gerade nicht der historischen Objektivität (dem »Wie es wirklich gewesen ist« des Historismus) verpflichtet ist, sondern der gegenwärtigen Gruppenidentität.

Was nun aber neben diesen Selektionen und Interpretationen des Funktionsgedächtnisses am schwersten zu wiegen scheint, ist die Tatsache, dass der Prozess der kulturellen Erinnerung in diesem Verständnis zwangsläufig mit einem Vergessensprozess einhergeht: Die Entscheidung, sich an etwas zu erinnern, impliziert stets die Gegenentscheidung, etwas anderes, potenziell ebenfalls Erinnerbares, zumindest in diesem Moment nicht zu berücksichtigen. Das kulturelle Gedächtnis ist stets auch ein kulturelles Vergessen.

Diese Struktur von Vergangenheitsbezügen in einer Gesellschaft ist insbesondere in der soziologischen Systemtheorie von Niklas Luhmann betont worden. Luhmanns Gesellschaftstheorie schlägt eine Alternative zur herkömmlichen Vorstellung vor, der zufolge eine Gesellschaft aus der Summe der ihr zugehörigen Individuen besteht. Stattdessen beschreibt Luhmann eine Gesellschaft als unterteilt in eine Menge von Funktionssystemen, die unabhängig von einzelnen Personen (diese nennt Luhmann ›psychische Systeme‹) die jeweiligen systemspezifischen Operationen für eine Gesellschaft übernehmen (also etwa: Geld ausgeben in der Wirtschaft, Urteile fällen im Recht, Wahrheiten definieren in der Wissenschaft oder Objekte wertschätzen in der Kunst). Diese systemspezifischen Operationen artikulieren sich allesamt in Kommunikation. Entscheidend ist aber auch hier nicht, wer etwas kommuniziert, sondern ob dieser Kommunikationsbeitrag der Operation des jeweiligen Systems zugeordnet werden kann, oder – und das ist die grundlegende Unterscheidung der Systemtheorie – ob er zur Umwelt dieses Systems gehört. So erachtet etwa das Wirtschaftssystem nur solche Kommunikation für relevant, die den Prozess des Wirtschaftens betrifft, alles andere lässt es unbeobachtet (Luhmann 1984).

Dieser kurze Exkurs in die Grundidee von Luhmanns Gesellschaftstheorie war notwendig, da er die Funktion, die Luhmann innerhalb der gesellschaftlichen Kommunikation dem Gedächtnis zuspricht, zu verstehen hilft: Insofern eine Gesellschaft nur aus Kommunikation besteht, ist sie auch jeweils nur als gegenwärtiger Akt der Kommunikation zu beobachten. Ein solcher Akt der Kommunikation kann aber nun, um nicht jedes Mal ganz von vorn beginnen zu müssen, entscheiden, auf eine bestimmte Vergangenheit zurückzugreifen und die gegenwärtige Operation entsprechend zu kontextualisieren. So werde ich mich beispielsweise an späterer Stelle dieses Buchs bei Bedarf auf ›Luhmanns

Systemtheorie‹ beziehen können, um bestimmte Sachverhalte zu illustrieren, ohne aber die Einzelheiten dieser Theorie noch einmal rekapitulieren zu müssen. Allerdings bedeutet dieser Rückbezug, dass ich in diesem Fall den gleichen Sachverhalt nicht mithilfe von ›Assmanns Theorie des kulturellen Gedächtnisses‹ beschreiben werde – und diese mithin zumindest für den Augenblick ›vergesse‹, was eine durchaus folgenreiche Entscheidung ist, wenn man bedenkt, wie sehr Assmanns Modell von materiellen Speichern und konkreten Ritualen sich von Luhmanns rein operativem Vollzug von Systemkommunikation unterscheidet. Luhmann versteht das Gedächtnis einer Kultur gerade nicht als irgendwo vorhandenen, vollständig beschreibbaren Traditionsbestand. Vielmehr besteht das Gedächtnis einer Kultur in der immer wieder zu treffenden Entscheidung, ob Kommunikation sich auf Vergangenheit beziehen soll oder nicht, und wenn ja, auf welche. Die Entscheidung für einen Vergangenheitsbezug von Kommunikation nennt Luhmann ›Redundanz‹, diejenige gegen einen solchen Bezug ›Variation‹. Die Frage nach der Aufbewahrung der Vergangenheit weicht so der Frage nach ihrer Selektion in der Gegenwart.

Aus Sicht der Systemtheorie gibt es mithin gar kein Speicherproblem. Potenziell kann jede Vergangenheit Gegenstand einer Bezugnahme werden, und ob diese Bezugnahme materiell gestützt oder bloße Konstruktion ist, spielt für die kommunikative Operation keine Rolle – es sei denn, eine weitere kommunikative Operation erhöbe vermittels eines Bezugs auf eine andere Version dieser Vergangenheit Einspruch, der dann allerdings auch nur kommunikativ, und d. h.: durch weitere Bezugnahmen auf diese Vergangenheit, nicht aber ihre faktische Wiederkehr gelöst (oder nicht gelöst) werden könnte. An die Stelle der Frage nach der Wirklichkeit oder Wahrheit einer Vergangenheit tritt aus systemtheoretischer Perspektive das Problem, nach welchen Kriterien welche Vergangenheit zu welchem Zeitpunkt zu selektieren ist, und zu diesem Problem leistet die Kultur in Luhmanns Sinne eine Hilfestellung. Denn definiert man Gedächtnis nicht als Speicher von Vergangenem, sondern als Operation des Unterscheidens von Erinnern und Vergessen, dann kann man ›Kultur‹ als denjenigen »Filter« verstehen, der diesen Unterscheidungsprozess steuert und kontrolliert und auf diese Weise als »Gedächtnis der Gesellschaft« fungiert (Luhmann 1997, S. 588). Kultur ist Luhmann zufolge nicht der positive Bestand des Tradierten einer Gesellschaft (also etwa die Summe aus Museen, Bibliotheken, Baudenkmälern und Opernaufführungen in einer Stadt), sondern der jeweils gegenwärtige Entscheidungs- und Vergleichsrahmen, anhand dessen sich eine Gesellschaft beim Entwurf ihrer Zukunft auf Vergangenheit bezieht oder nicht (Baecker 2000). Kultur ist mithin keine Bewahrung des Gegebenen, sondern eine Verwaltung von potenziellen Bezugnahmen, von denen aber immer nur eine ausgewählte Zahl realisiert wird. Und diese Beschränkung des Potenzials ist nun nicht etwa als Mangel des Gedächtnisses einer Gesellschaft anzusehen, sondern als geradezu überlebensnotwendige Operation. Bezöge sich eine Gesellschaft auf die gesamte oder auch nur einen großen Teil ihrer Vergangenheit, würde sie in dieser vollständigen Redundanz – d.h. der bloßen Wiederholung von schon einmal Kommuniziertem – erstarren, d.h. jene Entwicklung verhindern, die nur durch Abweichung vom Vergangenen kenntlich wird. Daher schreibt Luhmann: »Die Hauptfunktion des Gedächtnisses liegt also im *Vergessen*, im Verhindern der Selbstblockierung des Systems durch ein Gerinnen der Resultate früherer Beobachtungen.« (1997, S. 579)

Damit ist die Theorie des kulturellen Gedächtnisses diametral verkehrt: Kultur besteht nicht in denjenigen ›ewigen‹ Werten, die aus der Vergangenheit bewahrt wurden, sondern in einer immer wieder aufs Neue getroffenen Entscheidung, den potenziellen Bezug auf dieses Vergangene zugunsten neuer Entwicklungen zu unterlassen. Und im Fall eines erfolgenden Vergangenheitsbezugs ist es nicht der ›Wert‹ der bezeichneten Ereignisse oder Objekte, die für die Kultur relevant sind, sondern die schiere Tatsache ihrer Selektion, die durch Nichtberücksichtigung von anderem ausgeglichen werden muss, um das System weiter operieren und nicht dem Stillstand oder einem Zirkel anheimfallen zu lassen.

Es ist vor diesem Hintergrund konsequent, dass die von Luhmann lediglich in einem Unterkapitel seines Werks angedeutete Theorie der Gedächtnishaftigkeit von Kultur als *Soziales Vergessen* fortentwickelt wurde. Die italienische Soziologin Elena Esposito hat die Funktionsgeschichte des Gedächtnisses der abendländischen Gesellschaft im Kontext der Medienevolution beschrieben, indem sie dem Zeitalter der Oralität, der Literalität und der Massenmedien vom Buchdruck bis zum Internet jeweils unterschiedliche Auswahlschemata zuordnet, über die diese Gesellschaften ihren Vergangenheitsbezug regulieren (Esposito 2002): Oral kommunzierende Gesellschaften basieren noch auf der Erinnerungsleistung ihrer Mitglieder, und ihr Gedächtnis weist daher noch eine weitgehend abstraktionsfreie Sachdimension auf, anhand deren Bezüge auf die Vergangenheit klassifiziert werden. Erst die Erfindung der Schrift gestattet es aufgrund ihrer von der unmittelbaren mündlichen Interaktion unabhängigen Sozialdimension, diese Vergangenheitsbezüge hinsichtlich ihrer ontologischen Wahrheit zu abstrahieren. Das Zeitalter der Massenmedien schließlich generalisiert diesen Prozess der Entpersonalisierung des Gedächtnisses der Gesellschaft durch das zeitübergreifende Konstrukt einer Kultur – wobei Jan Asssmann (2002) darauf hingewiesen hat, dass Kultur auf diese Weise von einem übergreifenden Beschreibungskonzept zu einem auf die

Neuzeit beschränkten Modell reduziert wird, obgleich die Unterscheidung von Erinnern und Vergessen auch schon zuvor (Assmann ist Ägyptologe) als ›kulturelle‹ Operation beschrieben werden kann.

Diesem Hinweis ist insofern zu folgen, als sich in der geistesgeschichtlichen Tradition des Abendlandes mindestens ebenso viele Hinweise auf die zentrale Funktion des Vergessens für kulturelle Zusammenhänge finden wie auf das Erinnern (vgl. Weinrich 1997). In der antiken Mythologie ist das durch den Unterweltfluss Lethe symbolisierte Vergessen notwendige Bedingung für die Wiedergeburt der verstorbenen Seelen, in Hesiods *Theogonie* wird die Funktion der Musenmutter Mnemosyne zuallererst im »Vergessen des Bösen« (Hesiod, *Theogonie*, S. 54) gesehen. Auch in der antiken Philosophie kommt dem Vergessen eine fundamentale Rolle zu, insofern es im Zusammenhang mit der Theorie von der Unsterblichkeit der Seele am Beginn eines jeden neuen Lebenslaufs steht und zugleich Bedingung für den als Wiedererinnerung verstandenen Lernprozess des Menschen ist. Im Rahmen seiner christlichen Umdeutung der Anamnesis-Lehre im X. Buch der *Bekenntnisse* weist Augustinus auf das Paradox hin, dem zufolge das Vergessen als Instanz der Löschung im Gedächtnis repräsentiert ist. Dennoch galt das Vergessen in der weitgehend auf Auswendigkeit und topische Wissensverwaltung setzenden mittelalterlichen und neuzeitlichen Philosophie – von Ausnahmen wie Erasmus' *Lob der Torheit* (1515) abgesehen – als zu behebender Mangel. Erst die im Zuge der Durchsetzung des Buchmarkts im 18. Jahrhundert explosionsartig ansteigende Menge des Wissens, die den Umfang des Merkbaren weit überstieg und an die Stelle intensiver Wiederholungslektüren das extensive Studium immer neuer Texte treten ließ, bahnte einer philosophischen Umwertung des Vergessens den Weg.

Auch in der Psychologie werden dem schlichten Konzept des Spurenzerfalls mittlerweile komplexe Interferenzmodelle entgegengesetzt, die die Überlagerung und Wechselwirkung verschiedener Gedächtnisinhalte in Rechnung stellen und das Vergessen auf diese Weise als aktiven und motivierten Prozess begreifen (Baddeley 1976/1979, S. 69-96). Auf die Kulturgeschichte übertragbar ist dabei John A. Barnes' Konzept der »strukturellen Amnesie«, d. h. der Notwendigkeit der Selektion von Überlieferungsinhalten, wie sie im Verwaltungs- und Archivwesen etwa am Vorgang der Kassation zu beobachten ist, d.h. der gezielten Ausgliederung und Vernichtung von Archivbeständen oder Aktenmaterial, von dem man einerseits annimmt, es werde nicht weiter benötigt, das man aber andererseits vor allem mit dem Ziel beseitigt, Raum für neues Material zu schaffen. Das heißt mit anderen Worten: Je mehr mediale Speicherkapazität für zu überliefernde Inhalte zur Verfügung steht, umso mehr dieser Inhalte müssen zugunsten einer strukturierten Abrufbarkeit getilgt werden (Barnes 1947/1990).

Der italienische Semiotiker und Schriftsteller Umberto Eco hat allerdings allen Versuchen, das Vergessen als eine Kulturtechnik zu beschreiben, entgegengehalten, dass jede Löschung von Gedächtnisspuren wiederum Spuren der Löschung hinterlasse: Zwar könne man bestimmte Inhalte löschen, nicht aber den Akt des Löschens selbst (Eco 1988). Im Unterschied zu den Lerntechniken, die den Imperativ des Erinnerns artikulieren, scheint es daher nicht möglich, Individuen oder Kulturen einen »Vergessensbefehl« (Smith/Emrich 1996, S. 20) zu erteilen. Dieser Ansatz fällt allerdings nicht nur hinter gegenwärtige Kulturtheorien, sondern bereits hinter Augustinus' Unterscheidung zwischen einer Erinnerung an das Gelöschte und der Erinnerung an den Akt der Löschung oder Nietzsches Einsicht, der zufolge das Vergessen ein notwendiger und im Wortsinne lebenswichtiger Bestandteil individueller wie kollektiver Vollzüge ist, zurück. Aus systemtheoretischer Perspektive ist das Vergessen daher nicht nur als Bedingung und Ursache für den Einsatz von Merktechniken im Sinne der Kompensation eines Mangels zu betrachten, sondern als Grundoperation und Existenzbedingung von Kultur zugleich: »Gerade weil das Gedächtnis das kondensiert, was stabil bleiben soll (und deshalb erinnert wird), gestattet es, alles andere zu vergessen; und gerade die Fähigkeit zu vergessen, ermöglicht es einem System, die Fähigkeit zu entwickeln, Neues zu erkennen und in Rechnung zu stellen.« (Esposito 2002, S. 27 f.)

Aus kulturhistorischer Perspektive ist das Vergessen daher als »kultureller Faktor mit eigenständigen Leistungen« (Butzer/Günter 2004, S. 9) und das heißt als aktive Operation zu begreifen: In der gleichen Weise, in der Mythen und Geschichtsschreibung bereits in der Antike als kollektives Gedächtnis einzelner Stadtstaaten entworfen und tradiert wurden, wurden politische Ereignisse der Vergangenheit, die nicht zum Selbstbild des Kollektivs passten, modifiziert und aus der offiziellen Geschichtsversion getilgt. Und so wie das Gedächtnis an Herrscher und Feldherren in Gestalt von Statuen, Oden und Festen bewahrt wurde, wurden in antiken Hochkulturen diejenigen Denkmäler, Inschriften und Feiertage, die an inopportun gewordene Staatsmänner erinnerten, getilgt – jene Kehrseite der Glorifizierung von Gründungsvätern, die man als *damnatio memoriae* bezeichnet. Vergleichbare Verfahren lassen sich in der Neuzeit am Beispiel der mit dem kulturellen Gedächtnis des Ancien Régime inhaltlich wie formal brechenden Französischen Revolution ebenso belegen wie an den vielfach reformulierten Geschichtsversionen totalitärer Systeme des 20. Jahrhunderts, die sich dabei auf kulturelle Vergessenstechniken wie Zensur oder Bücherverbrennung stützten. Die ausdrücklich so genannte Kulturrevolution im maoistischen China fand ihren Ausdruck ebenfalls in der Zerstörung von Tempeln sowie der Verschickung von Intellektuellen zur Feldarbeit in ländliche Gebiete. Und auch die Zerstörung der Buddha-Statuen in Bamiyan/Afghanistan von 2001 steht in diesem Kontext, ist aber insofern bemerkenswert, als die Statuen in den Protestnoten zum Weltkulturerbe – und d.h. zu einem nicht mehr national, sondern global gedachten kulturellen Gedächtnis (Dreier/Euler 2012) – gezählt wurden. In allen Fällen zeigt sich, dass dieses kulturelle Gedächtnis stets auch auf der Basis desjenigen entsteht, was nicht erinnert werden soll oder kann. Unter der Maßgabe dieser doppelten Bewegung von Erinnern und Vergessen werden nun die konkreten medialen Techniken und historischen Funktionen der Kulturgeschichte dieses Gedächtnisses zu betrachten sein.

II. Techniken und Funktionen des kulturellen Gedächtnisses

1. Rituale: Feiertage und Gedächtnisorte

Nach dem Überblick über die Entwicklung von Gedächtnistheorien, die den Vergangenheitsbezug eines Kollektivs zu konzipieren versuchen, soll nun betrachtet werden, auf welche Weise diese Bezugnahmen sich historisch konkret vollziehen können. Dieser Übergang von der Theorie zur Praxis des kulturellen Gedächtnisses erfolgt natürlich nicht unabhängig von der Theoriegeschichte. Denn die Beobachtung, dass Kulturen sich seit Jahrtausenden über die Konstruktion eines allen Mitgliedern der Kultur gemeinsamen Gedächtnisses ihrer Identität versichern, setzt das Konzept eines ›kollektiven‹ oder ›kulturellen‹ Gedächtnisses bereits voraus, will man diese Identitätsversicherung tatsächlich als erinnerungsförmig beschreiben.

Ein erster Verbindungspunkt zwischen den theoretischen Konzepten der kulturwissenschaftlichen Gedächtnisforschung und der kulturhistorischen Rekonstruktion kollektiver Praktiken ergibt sich, wenn man das Konzept des ›Rahmens‹, das Halbwachs als soziale Bedingung jedes Erinnerungsvorgangs einführt, zu konkretisieren versucht. Insbesondere in Gesellschaftsformen, die ihre kulturelle Identität ohne Unterstützung externer Speichermedien tradieren, bedarf es Formen der Stabilisierung dieser Tradierung. Eine derartige Stabilität bieten dabei zum einen Räume, insofern sie im Wandel der Zeit mehr oder weniger identisch bleiben und entsprechend als Schauplätze der Vergangenheit identifiziert werden können; zum anderen die Tage des Jahres, die unabhängig vom Aufenthaltsort zyklisch wiederkehren und auf diese Weise den Zeitpunkt vergangener Ereignisse im Gedächtnis zu halten erlauben.

Das kollektive Gedächtnis orientiert sich daher in frühen Hochkulturen an der Möglichkeit, vergangene Ereignisse auf einer Landkarte einerseits, auf dem Kalender andererseits zu markieren. Umgekehrt gilt aber auch, dass nicht nur Erinnerungen durch Landkarte und Kalender einen Rahmen gewinnen, sondern zugleich die ansonsten leer und unbegrenzt verlaufenden Raum- und Zeitformen der Geschichte erst durch den erinnernden Bezug auf sie strukturiert und bedeutsam werden. Das kollektive Gedächtnis und die Raum/Zeit-Ordnung der Geschichte strukturieren einander also wechselseitig.

Die Zeitstruktur des kollektiven Gedächtnisses bildet sich dabei durch die zirkuläre Struktur des Kalenders: Die Wiederkehr von Jahrestagen ermöglicht die Erinnerung an die ihnen zugrunde liegenden Ereignisse in Form von Festen. In oralen Gesellschaften, deren Kalender an wiederkehrenden Naturereignissen wie Sonnenwenden orientiert ist, sind solche Feste zentral, weil im Fall des Fehlens von Speichermedien die Inszenierung von Gedächtnisinhalten die einzige Möglichkeit ihrer kollektiven Wiederholung und Verbreitung ist. Das Fest ist daher die wichtigste rituelle Form des kulturellen Gedächtnisses, insofern Feste den gemeinschaftsstiftenden Vergangenheitsbezug – z.B. in Gestalt der Wiedererzählung eines Gründungsmythos – unter Beteiligung aller vollziehen. Die gegenwärtige Kohärenz der Gruppe im Raum wird auf diese Weise auf ihre gemeinsame Herkunft aus der Vergangenheit gegründet, die die regelmäßige Wiederholung der gleichen Inszenierung zugleich dar- und herstellt.

In diesem Sinne spricht Jan Assmann von der rituellen Kohärenz eines Kollektivs. Die Riten sind dabei durch strenge Regelung ausgezeichnet, da Abweichungen nicht als Bereicherung oder Aktualisierung, sondern als Bedrohung des bisherigen Traditionsbestands verstanden würden. Daher existiert in der Regel eine professionelle Trägerinstitution – z. B. eine Priesterkaste –, die die Identität der Wiederholung sicherstellt und der jeweiligen Gruppe auch eine verlässliche Zukunftsperspektive gibt, insofern sie als Gruppe geeint zu bleiben verspricht, solange sie den rituellen Kalender einhält.

Neben diesem Zusammentreffen der drei Zeitebenen Vergangenheit, Gegenwart und Zukunft – das z. B. in der ihrerseits rituellen christlichen Gebetsformel »wie es war im Anfang, so auch jetzt und in Ewigkeit« zum Ausdruck kommt – etablieren Feste zugleich eine »kulturelle Zweizeitigkeit« (Assmann 1992, S. 57). Die Unterscheidung von Alltag und Feiertag, die den Kalender in Hinblick auf religiöse Gedächtnispraktiken heute noch prägt, markiert zugleich den Unterschied zwischen gegenwartsorientiertem Vollzug und vergangenheitsbezogener Besinnung. In der christlichen Tradition ist der Sonntag der Tag, an dem die Gemeinde dem Auftrag ihres Stifters, das Abendmahl »zu meinem Gedächtnis« (Lukas 22:19) zu wiederholen, nachkommt, die hohen Feiertage Weihnachten, Karfreitag und Ostern erinnern in Form von Geburt, Tod und Wiederauferstehung Jesu an die zentralen Dogmen der Inkarnation, des Opfers und des ewigen Lebens. Hinzu kommen kleinere Feiertage wie z. B. Himmelfahrt und Pfingsten sowie, in der katholischen Kirche, der Heiligenkalender, der jedem Tag des Jahres mehrere Heilige zuordnet und auf diese Weise die Unterscheidung zwischen Alltag und Feiertag zumindest potenziell einebnet (Mattern/Oesterle 2010).

Durch die kalendarisch präzise Zuordnung der Geschichte des Neuen Testaments sowie der als Vorbild verstandenen Heiligenlegenden zeigt sich deutlich, wie der Glaubens- und Lehrinhalt einer Religion durch Projektion auf den Kalender und die rituelle Wiederholung der so markierten Feste in der kollektiven Praxis verankert wird. Gleiches lässt sich für alle weiteren Religionen der Welt zeigen (Yerushalmi 1988; Hartmann 2004). Aber auch säkulare Ordnungen konstituieren und sichern ihre kollektive Identität durch Festtage, die im Fall von Nationen als Nationalfeiertage institutionalisiert sind und auf Gründungsdaten (wie in der Schweiz), revolutionäre Ereignisse (wie in Frankreich), den Geburtstag des Staatsoberhaupts (wie in England), Verfassungserklärungen (wie in den USA) oder ein Ereignis wie die Wiedervereinigung (in Deutschland) bezogen sind.

Angesichts dieser Dimension wird unmittelbar einsichtig, warum die Definitionsmacht über einen Feiertag ein zentrales machtpolitisches Instrument ist: Die Entscheidung, ob eine Revolution oder deren Niederschlagung feierlich begangen wird, regelt über die Unterscheidung von Erinnern und Vergessen das ideologische Selbstverständnis der jeweiligen Gruppe. Die Etablierung eines neuen Kalenders – z.B. durch das Christentum, aber auch im Zuge der Französischen Revolution, der Säkularisierung der Türkei 1926 oder der Diskussion über die Ablösung des japanischen Sonnenkalenders durch den westlichen – dient in diesem Sinne der Ersetzung einer bisher gültigen rituellen Ordnung und der an sie gebundenen Identität durch eine neue.

Wie das Beispiel der christlichen Feiertage, aber auch der Bezug politischer Feiertage auf Gründungs- und Umbruchsdaten zeigt, zielen kollektive Erinnerungsriten zumeist auf existenzielle Übergänge wie Geburt und Tod, Gründung oder Zerstörung. So wie Feiern aus ethnologischer Perspektive grundsätzlich als *rites de passages*, d.h. kulturell geformte Symbolisierungen und Überbrückungen biografischer Schwellensituationen (z.B. Taufe, Kommunion, Ehe, Beerdigung) angesehen werden, binden sie auch die Erinnerung einer Gruppe an die entscheidenden Übergänge zurück, die auf diese Weise als Beginn des gegenwärtigen ›Wir‹ begriffen werden können. Feiertage wie Allerheiligen im christlichen bzw. der Volkstrauertag im säkularen Kontext begegnen in diesem Zusammenhang dem gedächtnisökonomischen Problem, dass Gedächtnisrituale überhandnehmen und den Alltag überlagern, indem sie das Totengedenken an verschiedene Personen auf einen – in diesem Fall symbolischen – Tag konzentrieren. Ein extremes Beispiel für eine derartige Verknüpfung von Gedächtnis und Ökonomie stellt die in den USA übliche Praxis dar, sämtliche Feiertage – *President's Day*, *Memorial Day* etc., mit der bezeichnenden Ausnahme des 4. Juli – jeweils auf den nächstliegenden Montag vor- oder zurückzulegen, um auf diese Weise ein verlängertes Wochenende einzurichten.

Vor allem aber sind Riten und Feste nicht selten an klar definierte Orte oder Räumlichkeiten gebunden. Dazu gehören zum einen beispielsweise sakrale Bauten, die die Schwelle zwischen Alltag und Festtag wie den rituellen Rahmen einer Gedenkfeier topografisch konkretisieren. Zum anderen gilt dies für die ausdrücklich und gezielt der Erinnerung an Personen oder Ereignisse gewidmeten Markierungen innerhalb eines Stadtraums wie Plätze, Straßennamen, Denkmäler oder Geburtshäuser. Letztere gehören allerdings bereits zu den tatsächlichen Schauplätzen von Ereignissen, die für die Identität einer Gruppe als konstitutiv erachtet werden und aus diesem Grund zum Bezugspunkt von Gedächtnisritualen – bis hin zu säkularen ›Pilgerfahrten‹ – werden können.

Für die religiöse Praxis hat Halbwachs in seinem letzten Werk über die *topographie légendaire* des ›Heiligen Lands‹ darauf hingewiesen, dass das kollektive Gedächtnis im ganz konkreten Sinne ›verortet‹ werden muss. Auch hier sind aber wiederum nicht nur religiös konnotierte Orte wie z.B. Bethlehem oder Jerusalem von Bedeutung. Auch die Festung Massada ist ein Gedächtnisort, insofern sie Schauplatz des jüdischen Befreiungskriegs gegen die römischen Besatzer 72 n.Chr. gewesen ist. Ein aktuelles Beispiel für einen solchen archäologischen Zugriff auf einen

Gedächtnisort ist die unter dem Titel »Topographie des Terrors« vollzogene Freilegung von Regierungsgebäuden, Gefängnissen und Bunkern am Potsdamer Platz in Berlin. Das Organisationszentrum des nationalsozialistischen Terrors wird auf diese Weise innerhalb des gegenwärtigen Stadtraums sichtbar. Vor allem aber befindet sich dieser auf eine konkrete historische Topografie bezogene Gedächtnisraum in unmittelbarer räumlicher Nachbarschaft zu dem zentralen symbolischen Ort der Erinnerung an die ermordeten Juden während der NS-Diktatur, dem in seiner Entstehung viel diskutierten sogenannten Holocaust-Mahnmal neben dem Brandenburger Tor (Young 1993/1997; Baumann u. a. 1995). Historischer Gedächtnisraum und symbolischer Erinnerungsort überlagern sich mithin in der alten und neuen deutschen Hauptstadt Berlin (Assmann 1996, Schmidt 2009).

Jan Assmann hat die mit Erinnerungen besetzten geografischen Räume in Palästina und in Rom, die *totemic landscapes* der australischen Aborigines oder die Kulturzentren der mesopotamischen Hochkulturen daher als »Mnemotope« bezeichnet, von griechisch *mnéme*, Gedächtnis, und *tópos*, Ort (Assmann 1992, S. 60). Mnemotope sind einzelne Orte, Stadtkomplexe oder Landschaften, die entweder als Schauplatz historisch bedeutsamer Ereignisse gelten oder an denen an solche Ereignisse erinnernde Monumente vorfindlich sind. Oft geht beides Hand in Hand, so wenn über der angeblichen Geburtshöhle Jesu die Gedächtniskirche errichtet wird. Solche Mnemotope stehen in unmittelbarem Zusammenhang mit den rituellen Formen des kulturellen Gedächtnisses und werden gerade an den betreffenden Festtagen zum Ziel einer weiteren kollektiven Gedächtnispraxis, der Pilgerreise.

Von dieser rituellen Funktion von Mnemotopen zu unterscheiden ist der archäologische Zugang, der einen Stadtraum als letzte einer ganzen Reihe historischer Schichten versteht, deren Freilegung Auskunft über das kulturelle Selbstverständnis vergangener Epochen zu geben imstande ist. So ist beispielsweise Rom Mnemotop einerseits der Hauptstadt der Antike und ihrer architektonischen und monumentalen Überreste, andererseits der *Roma christiana*, also Schauplatz der Heldentaten von Märtyrern und deren Verehrung in Gestalt der Aufbewahrung von Reliquien (Martini 2000). Während die rituelle Inszenierung des kulturellen Gedächtnisses mithin auf der Zyklizität des Kalenders und der dadurch gesicherten regelmäßigen Wiederkehr von Feiertagen beruht, beruht die Bestimmung von Mnemotopen auf der Annahme, die konkreten Schauplätze der Vergangenheit blieben in tieferen Schichten der gegenwärtig sichtbaren Oberfläche eines Orts aufbewahrt. Diese Annahme versteht Mnemotope, in Anlehnung an die Bezeichnung für antike Schriftträger, auf denen sich mehrere verschiedene Beschriftungen überlagern, als palimpsestartige Strukturen. Ganz wie im Fall der Festtage auf dem Kalender des kulturellen Gedächtnisses hingegen zeigt sich auch hier, dass die Bestimmung und Nutzung bestimmter Örtlichkeiten als Mnemotope eine machtpolitische Dimension hat, die über Einschluss und Ausschluss spezifischer Versionen der Vergangenheit in die rituelle Praxis und das kollektive Bewusstsein einer Gruppe entscheidet: »Jede Gruppe, die sich als solche konsolidieren will, ist bestrebt, sich Orte zu schaffen und zu sichern, die nicht nur Schauplätze ihrer Interaktionsformen abgeben, sondern Symbole ihrer Identität und Anhaltspunkte ihrer Erinnerung. Das Gedächtnis braucht Orte, tendiert zur Verräumlichung.« (Assmann 1992, S. 35)

Die Diskussion über die Verräumlichung als Schauplatz und Symbol des kollektiven Gedächtnisses und seine Beziehungen zum Ritual hat in den 1980er und 1990er Jahren eine von der deutschsprachigen Diskussion zunächst unabhängige Wende durch den französischen Historiker Pierre Nora gewonnen. Nora stellt der Gesellschaft der Gegenwart die Diagnose, die von Halbwachs beschriebenen kollektiven Gedächtnisgemeinschaften seien ganz einer in Nietzsches Sinn verstandenen archivarischen und abstrakten Geschichtsgläubigkeit gewichen: »Beschleunigung: dies Phänomen hat uns den ganzen Abstand vor Augen geführt zwischen dem echten, sozialen und unberührten Gedächtnis, dessen Modell die sogenannten primitiven oder archaischen Gesellschaften repräsentieren und dessen Geheimnis sie mit sich fortgenommen haben, und der Geschichte, die eben das ist, was unsere Gesellschaften, zum Vergessen verurteilt, weil die Veränderung sie fortreißt, aus der Vergangenheit gemacht haben.« (Nora 1984/1990, S. 12)

Zwischen dieser das Gedächtnis zerstörenden Geschichtswissenschaft und den natürlich gewachsenen und gesellschaftlich eingebetteten *milieux de mémoire* identifiziert Nora Institutionen des Gedächtnisses einer Gemeinschaft, die er Gedächtnisorte (*lieux de mémoire*) nennt und die diejenigen Überreste der Vergangenheit bezeichnen, die noch nicht vollständig von der Geschichte vereinnahmt wurden und daher noch den ursprünglichen rituellen Umgang mit ihnen bewahrt haben. Gedächtnisorte sind aus diesem Grund auch nicht geografisch konkrete ›Orte‹, sondern vielmehr alle Bezugspunkte eines, in Noras Terminologie, lebendigen und nicht historisch erstarrten rituellen Bezugs auf die Vergangenheit. Nora nennt für die französische Gesellschaft Daten wie den 14. Juli, Objekte wie die Trikolore oder Lieder wie die Marseillaise ›Gedächtnisorte‹ und betont die Einheit ihrer materiellen, symbolischen und funktionalen Dimension: »Auch ein offenbar rein materieller Ort wie ein Archivdepot ist erst dann ein Gedächtnisort, wenn er mit einer symbolischen Aura umgeben ist. Auch ein rein funktionaler Ort wie ein Schulbuch, ein Testament, ein Kriegsveteranenverein gehört nur dann zu dieser Kategorie, wenn er Gegenstand eines Rituals ist. Auch eine Schweigeminute, die das extremste Beispiel einer symbolischen Bedeutung zu sein scheint, ist materieller Ausschnitt einer Zeiteinheit und dient gleichzeitig dazu, periodisch eine Erinnerung wachzurufen. Stets existieren die drei Aspekte nebeneinander und miteinander.« (Ebd., S. 26)

Noras Modell der Gedächtnisorte verknüpft damit noch einmal den topografischen und den rituellen Aspekt kultureller Gedächtnisbilder. Seine »Topologie der Symbolik Frankreichs« erscheint zwischen 1984 und 1992 in sieben Bänden unter dem Titel *Les lieux de mémoire* und wurde 2001 durch François Ewald und Hagen Schulze auf *Deutsche Erinnerungsorte* übertragen. Die drei Bände enthalten Einträge zu Personen wie Karl dem Großen, Martin Luther oder Marlene Dietrich, zu Werken wie Beethovens Symphonie Nr. 9, zu Institutionen wie der Sozialversicherung oder der Bundesliga und schließlich auch zu symbolischen Schauplätzen wie dem Brandenburger Tor, dem Führerbunker oder Auschwitz.

Das Wechselspiel zwischen ›lebendigem‹ Ritual und ›erstarrter‹ Historie, das Nora für solche Gedächtnisorte behauptet, gestaltet sich im Einzelfall auf unterschiedliche Weise. Die Leistung des Ansatzes besteht dabei darin aufzuzeigen, wie weitreichend und wie wenig institutionalisiert die Begriffe Ritual und Mnemotop im faktischen Erinnerungsvollzug einer Gesellschaft sein können. Seine Schwäche liegt dagegen in der deutlichen kulturkritischen Grundlegung des Projekts, die ja den Zusammenhang zwischen Gedächtnispraktiken und Erinnerungskrisen nicht – wie dies einleitend hier getan wurde – strukturell beobachtet, sondern als Verfallssymptom wertet. Hinzu kommt, dass die Orientierung der Gedächtnisorte auf die Konstitution Frankreichs als Nation denjenigen Zusammenhang bereits voraussetzt, den es allererst zu beobachten gälte: Die ›Nation‹ ist ja, wie oben angedeutet, selbst ein Gedächtnisort, d. h. die narrative

Konstruktion des vermeintlichen gemeinsamen Ursprungs einer in gegenwärtigen politischen Auseinandersetzungen stehenden Gruppe. Erklärt man das Resultat dieser Konstruktion zum substanziellen Bezugspunkt aller Erinnerungsstrategien einer Gesellschaft, dann übersieht man zum einen den Stellenwert derjenigen Versionen der Vergangenheit, die von konkurrierenden, die Einheit der Nation möglicherweise in Frage stellenden Gruppen entworfen und protegiert worden wären. Insbesondere die gegenwärtig von Migration zwischen den Kulturen geprägten westlichen Gesellschaften machen eine stete Kontrastierung der Identitätsstiftungen des kulturellen Gedächtnisses durch Alternativ- und Gegenentwürfe erforderlich, deren Vielfalt zeigt, dass kollektive Erinnerungsprozesse nie nur Identität, sondern stets auch Differenz und Abweichung produzieren (Bhabha 1994/2000; Borsò 2001, Dewes/Duhm 2008, Creet 2011).

Zum anderen suggeriert das lexikografische Tableau von Gedächtnisorten diejenige Stabilität und Zuverlässigkeit räumlicher Erinnerungskonzepte, zu deren Verfechterin sich nicht zuletzt die kulturwissenschaftliche Gedächtnistheorie in der Nachfolge Jan Assmanns entwickelt hat. Natürlich eignen sich räumliche Strukturen, konkrete Topografien und materielle Monumente besonders gut als Bezugspunkte für die Identitätsstiftung einer Gruppe, weil ihre Materialität Beständigkeit durch die Zeit – und damit sind mitunter Jahrtausende gemeint – zu garantieren scheint. Auf der anderen Seite darf diese materielle Stabilität von Gedächtnisräumen nicht über die vielfältigen Irritationen, die von Raumstrukturen als kollektivem Bezugspunkt ausgehen, hinwegtäuschen. Zu diesen Irritationen gehört die spätestens seit dem 19. Jahrhundert beobachtete und im 20. überhandnehmende Wahrnehmung von Großstädten als Labyrinthe, die die Orientierung eher erschweren als befördern (Pethes 2003): An die Stelle eines Verständnisses von Architektur, das die strukturbildende und somit gedächtnisstützende Funktion von Bauten und Stadtanlagen betont, tritt die Wahrnehmung, dass die im Zuge der Industrialisierung in Europa und Amerika immer rascher wachsenden Metropolen die Lebensverhältnisse in einer Weise beschleunigen und verwirren, dass sie kaum noch in traditionellen Schemata gefasst werden können. So beschreibt Walter Benjamin in seinen kultur- und medientheoretischen Essays der 1930er Jahre die modernen Verkehrstechniken und Massenkommunikationsmittel als Überforderung des individuellen Sinnesapparats und damit auch als Tilgung von Bezugspunkten für eine kollektive Erinnerung.

In der postmodernen globalisierten Gegenwartskultur wird diese Wahrnehmung der chaotischen Strukturen moderner Metropolen konterkariert durch die Diagnose einer Gleichförmigkeit baulicher Strukturen: Bestimmte Architekturen werden nun als »Nicht-Orte« identifiziert, d. h. als uniforme und hinsichtlich ihrer geografischen Platzierung nicht differenzierte Schauplätze eines bloß transitorischen Aufenthalts wie z. B. Flughäfen, Bahnhöfe oder Shopping Malls (de Certeau 1988; Augé 1990). Auch hier sind die gedächtnisstützenden Anhaltspunkte, die Raumstrukturen und konkreten Örtlichkeiten traditionell zugesprochenen werden, verloren gegangen. Auf komplementäre Art und Weise erzeugen damit sowohl die moderne als auch die postmoderne Stadtarchitektur eine Orientierungslosigkeit, die mit dem traditionellen Verständnis von Gedächtnisräumen bricht.

2. Rhetorik: Mündlichkeit und Schriftlichkeit

Trotz dieser einschränkenden Beobachtungen ist die Verbindung von Erinnerung und Räumlichkeit noch aus einem zweiten Grund zentral für die kulturwissenschaftliche Gedächtnistheorie. Dieser zweite Bezugspunkt für die räumliche Organisation des kulturellen Gedächtnisses ist die oben bereits im Vorübergehen erwähnte Erinnerungstechnik der antiken Rhetorik, die auch Nora für seinen Ansatz aufgreift. Nora entnimmt den Begriff des ›Gedächtnisorts‹ dem Buch der amerikanischen Renaissance-Historikerin Frances A. Yates mit dem Titel *The Art of Memory* von 1966. Yates geht es in diesem Buch nicht um Gedächtnisorte als Identitätssymbole eines Kollektivs. Stattdessen rekonstruiert sie die Verbindung von Erinnerung und Raum als eine Gedächtnisstrategie zur Unterstützung der Merkfähigkeit eines Individuums. Diese Strategie hat aber zugleich eine immense kulturhistorische Traditionslinie begründet: Yates stellt fest, dass Darstellungsweisen von Wissen in der Renaissance einer Merktechnik aus den Rhetoriklehrbüchern der Antike folgen. Diese Merktechnik bildete üblicherweise den vorletzten Abschnitt dieser Lehrbücher, in welchem dem Redner Hilfsmittel an die Hand gegeben wurden, seine Rede auswendig zu lernen. Es handelt sich also um eine bestimmte Technik des Erinnerns, mit dem griechischen Wort für Gedächtnis also um eine ›Mnemotechnik‹ oder auf Lateinisch um eine *ars memoriae*. Ihr Grundprinzip besteht darin, »die Rede in einen imaginären Raum zu transportieren, indem die Redegedanken zu prägnanten Bildern (imagines) verdichtet und an die

festen, den Raum strukturierenden Plätze (loci) geheftet werden«
(Goldmann 1989, S. 43).

Die klassischen Rhetoriklehrbücher von Cicero und Quintilian sowie die anonym überlieferte Rhetorik *ad Herrenium* führen
dieses Verfahren auf eine Legende zurück, der zufolge der Dichter
Simonides nach Einsturz einer Festhalle die zur Unkenntlichkeit
entstellten Leichen der Gäste aufgrund von deren Sitzordnung
identifizieren konnte. Schon der Rahmen dieses Gründungsmythos der Mnemotechnik ist bedeutsam: Er evoziert in Gestalt eines im Rahmen eines Rituals öffentlich auftretenden Dichters
das Zeitalter einer rituellen Kohärenz des kollektiven Gedächtnisses. Diese rituelle Kohärenz beruht, wie oben ausgeführt, auf
der Gedächtnisleistung einzelner Spezialisten, die das zu tradie-
rende Wissen mündlich weitergeben, und diese Funktion ist es,
die den Sänger Simonides zur Leitfigur auch für den Redner innerhalb der bereits literalisierten Kultur Athens und Roms gemacht hat: Wie Simonides möge dieser Redner in einer räumlichen Struktur (die Ordnung der Sitze) visuelle Bilder (die Ge-
sichter der Gäste) verteilen, um dann das Memorieren als fin-
giertes Abgehen der virtuellen Räume inszenieren zu können.
Erinnerung ist hier ein Wiedererkennen dieser imaginierten Bilder beim geistigen Abgehen der ebenso imaginären Räume.

Zweierlei ist an diesem Merkverfahren und der mit ihm ver-
bundenen Geschichte von kulturwissenschaftlichem Interesse:
Erstens entsteht die Mnemotechnik im Moment der Katastro-
phe. Der Tod, Symbol für die Bedrohung der Kontinuität von
Überlieferungszusammenhängen, gibt allererst den Anstoß zu einer Restitution von Kontinuität. Zweitens orientiert sich die
Erinnerung wie im Fall des kulturellen Gedächtnisses an einer
Topografie, allerdings an einer, die sie selbst konstruiert. Dabei
wird gefordert, dass der Redner sich möglichst große und dennoch wohlgeordnete Räume denkt: ein Haus, einen Palast, eine

Stadt. Jedes Zimmer eines Hauses steht für ein Thema, jeder Gegenstand in einem Zimmer für ein Argument, und der geordnete Weg durch die imaginären Hallen garantiert die vollständige Erinnerung als Rückübertragung der Assoziationen. Damit wirft die Mnemotechnik das Problem der Übersetzung auf: Der Redner muss zunächst Wörter in Bilder übersetzen, um diese Bilder anschließend wieder in den Wortlaut seiner Rede zurückübertragen zu können.

Die Mnemotechnik erfordert daher eine bestimmte Ausstattung der Bilder, die ihre Merk- wie Lesbarkeit begünstigt. Cicero fordert eine Transformation von Abstrakta in körperliche Bilder und ihre nicht willkürliche Anordnung: »Man muß zahlreiche, bekannte, ganz konkrete Örtlichkeiten in mäßigen Abständen nehmen und sinnvoll bewegte, scharfe, klar umrissene Bilder wählen, die einem schnell einfallen und ins Gedächtnis eindringen können.« (Cicero, II 358) Die *Rhetorica ad Herennium* spitzt dies zu, indem sie exzentrische, entstellte und obszöne Bilder fordert, um die das Vergessen befördernde Alltäglichkeit oder Gewohnheit zu umgehen.

Dabei gibt es zwei Weisen des Auswendiglernens: Entweder merkt sich der Redner den allgemeinen Gegenstand seiner Rede bzw. den Sachverhalt, über den er sprechen will (*memoria rerum*), oder er versucht Bilder für einen ganz konkreten Wortlaut – etwa den Vers eines Gedichts – zu finden (*memoria verborum*). Für die Gegenstände werden hierfür Konstellationen handelnder Menschen, die zu kleinen Szenen angeordnet werden, vorgeschlagen. Wenn im Beispiel der Zeuge (*testis*) durch Hoden (*testiculi*) eines Widders repräsentiert werden soll, dann zeigt sich, dass bereits hier sprachliche Assoziationen eine große Rolle spielen. Das ist noch deutlicher im Fall des Auswendiglernens des genauen Wortlauts: Zum Merken eines Verses werden Wortspiele und Homophonien genutzt, was dazu führt, dass das

Merkbild mit dem Inhalt des zu Merkenden nichts mehr zu tun hat. So schlägt die *Rhetorica ad Herennium* (III, 21) vor, sich den Vers »Iam domum itionum reges Atridae parant« (Schon bereiten sich die Könige Atridens auf die Heimreise vor) durch das Bild eines Kampfes zwischen den Patrizierfamilien des Domitius und der Reges Marcius sowie zwei Schauspielern, die sich auf die Rollen der Atriden vorbereiten, zu merken. Jedes einzelne Wort des Verses wird dabei mit einer Bildvorstellung verbunden, wobei entscheidend ist, dass diese Bilder nichts mit dem Inhalt des Verses zu tun haben, sondern lediglich dazu dienen, seinen Wortlaut in Gestalt einer kleinen dramatischen Szene zu versinnbildlichen.

Nun kritisieren alle Autoren an dieser *memoria verborum* ihre mangelnde Ökonomie: Wenn für jedes Einzelwort ein Merkbild verlangt wird, sei die Gedächtniskapazität bald erschöpft, ohne dass ihr mnemotechnisch geholfen wäre. Quintilians Kritik geht noch weiter: Wer sich Bilder für Wörter oder Sachverhalte merkt, verursacht eine »doppelte Belastung des Gedächtnisses«. Daher fordert Quintilian eine Ökonomisierung der Mnemotechnik, die aber zugleich auch zeigt, wie sehr die Rhetorik zum Teil der Schriftkultur geworden ist: »Niemand wird es gewiß zu bedauern haben, wenn er beim Auswendiglernen die gleichen Wachstafeln verwendet, auf denen er seinen Text aufgeschrieben hat; denn hier findet er gleichsam die Spuren noch vor, denen die Erinnerung folgen kann, und er sieht dann nicht nur die Seiten gleichsam vor Augen, sondern fast Zeile für Zeile, und während er spricht, ist es, als läse er.« (Quintilianus, XI, 32) Dieser Passus impliziert eine radikale Wende: Das ›Haus‹ der *memoria* wird die räumliche Struktur der Textseite selbst, die ›Zimmer‹ werden durch die eingestreuten Abschnitte und Merkzeichen markiert, und als ›Bilder‹ fungieren die grafischen Charaktere der Buchstaben selbst.

Die sich in dieser Kombination von Mnemotechnik und Buchseite andeutende und für die Kulturwissenschaften entscheidende Entdeckung ist nun, dass die deutlich an den Strukturen und Praktiken einer mündlichen Kultur orientierte rhetorische Merktechnik mit der Literalisierung der Antike nicht etwa zu Ende kommt, sondern weiter prägend bleibt. So hat die Mediävistin Mary J. Carruthers in ihrem eindrucksvollen Buch *The Book of Memory* von 1990 nachgewiesen, dass der Seitenaufbau mittelalterlicher Handschriften Text- und Bild-Elemente nach den Prinzipien der rhetorischen Mnemotechnik verteilt, um es dem Leser auf diese Weise zu erleichtern, sich die fraglichen Inhalte einzuprägen. Und schon ein Vierteljahrhundert zuvor hatte Frances A. Yates gezeigt, dass die *ars memoriae* auch bis in das Zeitalter des Buchdrucks hinein die zentrale Organisationsform für die Verwaltung großer Wissensbestände geblieben ist: In der Renaissance häufen sich Skizzen für Bauten – Paläste, Theater –, die Gedächtnisräume analog zu den Regeln der mnemotechnischen Kunst konzipieren.

Allerdings gibt es auch einen wichtigen Unterschied zwischen der antiken Rhetorik und der neuzeitlichen Wissensverwaltung: Während sich der antike Redner Palastbauten imaginiert, um die logische Argumentationsstruktur seiner Rede abzubilden, wird in der Renaissance genau umgekehrt das abstrakte System der Mnemotechnik als Grundriss einer ganz konkreten Architektur gewählt. Die Grundlage für den Zusammenhang des Gedächtnisses war die antike Architekturlehre des Vitruv, deren Anleitung zur Anlage einer Stadt und ihrer einzelnen Viertel und Gebäude in der Renaissance noch einmal stilbildend wurde. Vitruv setzt dabei vor allem die klare, funktionale und transparente Struktur der Stadtanlage: Verwaltung, Wohnungen, öffentliche Räume sowie Kult- und Spielorte werden auf einem idealen Stadtplan verteilt und sowohl hinsichtlich der Gesamtanlage als auch bezüglich der Einzelbauten nach dem Gesetz der Proportion geplant.

Die berühmteste Umsetzung der rhetorischen Mnemotechnik in eine konkrete Architekturform stellt das Gedächtnistheater des Giulio Camillo (1480–1544) dar, das im 16. Jahrhundert in Venedig aus Holz errichtet worden war und zu gleichen Teilen Ciceros Merkregeln und Vitruvs Grundriss folgt. Man muss sich dieses Theater als eine Art allegorisches Lexikon vorstellen: Die einzelnen Wissensgegenstände sind innerhalb der Raumstruktur eines antiken Theaterovals in Form von Texten und ihnen zugeordneten Bildern an einem genau festgelegten Ort niedergelegt. Sieben Sitzreihen steigen gemäß den damals bekannten sieben Planeten nach oben an und bieten dem Zuschauer, der bei Camillos Vorführungen von der Bühne aus auf die nach Wissensbereichen geordneten Symbole blickt, ein kosmologisches Panorama des Wissens. Yates spricht daher von einer »ornamentale[n] Aktenablage«, weist aber vor allem auf den mnemotechnischen Eigenwert des Ornamentalen hin: Camillo »benutzt den Plan eines wirklichen Theaters, des klassischen vitruvischen Theaters, verändert ihn aber entsprechend seinen mnemonischen Zwecken. Die imaginären Bögen sind seine mit Bildern ausgestatteten Gedächtnisorte.« (Yates 1960/1990, S. 134 u. S. 128)

Auf der Grundlage solcher Entdeckungen gilt die Mnemotechnik in der neueren kulturwissenschaftlichen Gedächtnisforschung als eine der stabilsten Konstanten in der Überlieferungsgeschichte der Antike. Die Anleitung zur Projektion von Erinnerungsinhalten in eine räumliche Struktur scheint dabei Jan Assmanns Weiterführung von Halbwachs' Modell einer Topografie des kulturellen Gedächtnisses zu entsprechen, und nahezu die gesamte kulturwissenschaftliche Debatte der letzten Jahre ist durch diese Vorgabe einer »unverbrüchliche[n] Verbindung zwischen Gedächtnis und Raum« (A. Assmann 1991, S. 14) geprägt.

Man kann also sagen, dass die Mnemotechnik, die als individuelle Gedächtnisstrategie entworfen wurde, von mittelalterlichen Buchseiten und Renaissancearchitekturen bis hin zu modernen Sprach- und Bewusstseinstheorien selbst ein stabilisierender Rahmen des kulturellen Gedächtnisses ist. Obwohl, wie oben angedeutet, die Rhetorik ihre Autorität im 18. Jahrhundert verloren hat, prägen die mnemotechnischen Regeln kulturelle Artikulationsformen nach wie vor. So kann die Zuordnung von Raum und Bild beispielsweise als Grundstruktur autobiografischer Erinnerungen in der Literatur der Moderne beschrieben werden (Pethes 1999), und die lautmalerischen und sprachspielerischen Techniken der *memoria verborum* kehren in Sigmund Freuds Theorie der Arbeit des Unbewussten in Wortwitzen und Versprechern wieder (Hutton 1987; Antoine 1988). Besondere Aufmerksamkeit erregte schließlich eine Fallgeschichte des russischen Psychiaters Alexander Lurija, die von der Behandlung eines Gedächtniskünstlers namens Seresevsky berichtete, der unfähig war, irgendeine seiner Wahrnehmungen zu vergessen. Lurijas Patient litt gewissermaßen an einem zur Amnesie komplementären Krankheitsbild. Faszinierend ist aber vor allem, dass dieser ›Mnemopath‹, dem man nur schwerlich die Kenntnis der antiken Rhetoriklehrbücher wird unterstellen können, seinen immensen Gedächtnisvorrat nach dem gleichen Schema anordnete, das die Mnemotechnik vorgeschlagen hatte: »›Wenn ich das Wort ›grün‹ höre, taucht ein grüner Topf mit Blumen auf; bei rot erscheint ein Mann im roten Hemd, der zu ihnen hingeht. Ich höre ›blau‹ – und jemand schwenkt aus einem Fenster heraus ein blaues Fähnchen.« (Lurija 1968/1991, S. 167; Lachmann 1993)

Aber nicht nur in der Funktionsweise eines Gedächtnisses ließ sich das Fortleben der Mnemotechnik nachweisen. In der Literaturwissenschaft wurde die Beobachtung, dass literarische Texte auch dann der Struktur von Ort und Bild folgen, wenn sie in keiner ersichtlichen Weise auf die Rhetorik Bezug nehmen, als die These von einer »Gedächtnisleistung der Texte« (Haverkamp 1993, S. 20) bzw. einem intertextuellen »Gedächtnis des Textes« (Lachmann 1990, S. 35) formuliert. Diese Thesen sind letztlich die konsequenteste Umsetzung der Vorstellung eines kulturellen (und nicht länger individualpsychologischen) Gedächtnisses. Denn unter ›Intertextualität‹ wird eine vom literarischen Autor unabhängige Erinnerungsleistung von Texten verstanden: Texte entstehen nicht in einem literaturhistorischen Vakuum, sondern in einem Kontext. Motive, Metaphern, Stileigenheiten und ähnliches mehr können in verschiedenen Texten nachgewiesen werden, so dass diese Texte aneinander ›erinnern‹ – ohne dass zwingend nachgewiesen wäre, inwiefern dem Autor des einen Texts diese Anspielung bewusst gewesen ist oder er sie auch nur in Kenntnis der anderen Texte vorgenommen hat.

Die Intertextualität als eigenständiger Gedächtnisraum zwischen Texten der kulturellen Überlieferung ist somit gewissermaßen das theoretische Pendant zum medienhistorischen Befund, dass das kulturelle Gedächtnis des Abendlands seinen Niederschlag zum allergrößten Teil in Schriften, Büchern und Bibliotheken gefunden hat. Die Aussagen von Texten werden auf diese Weise doppelbödig: Alternativ zu ihrer Bedeutung können sie immer auch als Erinnerung an eine vergleichbare Aussage eines anderen Textes gelesen werden. Die einzelnen Textelemente dürfen nie nur in Bezug auf den Text, in dem sie erscheinen, eine Bedeutung gewinnen, sondern stets auch in einem ihrer Kon-Texte. Anders gesagt: Jedes Wort trägt die Spuren aller seiner vorhergegangenen Verwendungsweisen mit sich und ist auf diese Weise mehrfachcodiert und polyvalent (Kristeva 1967/1972).

Für eine kulturwissenschaftliche Gedächtnistheorie sind zwei Aspekte der Intertextualität von Interesse: Das durch den russischen Literaturwissenschaftler Michail Bachtin etablierte Modell

der ›Vielstimmigkeit‹ romanhaften Erzählens und das darauf auf-
bauende Konzept der Intertextualität der bulgarischen Psycho-
analytikerin Julia Kristeva betonen beide die Unmöglichkeit, die
Bedeutung eines Textes auf ein einheitliches Sinnzentrum fest-
zulegen. Das scheint zunächst dem Ziel der Ausbildung eines
kulturellen Gedächtnisses zuwiderzulaufen. Wie die Slawistin
Renate Lachmann aber am Beispiel der russischen Literatur an
der Wende zum 20. Jahrhundert herausgearbeitet hat, zeigt gerade der Blick auf die intertextuelle Struktur von kulturellen Erinnerungsprozessen, dass diese nicht nur, wie bei Aleida und Jan
Assmann zumeist insinuiert, auf stabilen und identitätssichern-
den Bezugnahmen beruht. Von solchen affirmativen Tradierungsformen unterscheidet Lachmann die Transformation von frühe-
ren Texten in einem neuen, die bis zur Abwehr des vergangenen
Sinnangebots reichen kann (Lachmann 1990).

Auf diese Weise bietet das Modell eines intertextuellen Ge-
dächtnisraums ein Erklärungsangebot für Traditionsprozesse sowie die Modifikation des Tradierten in ihnen, die sich jenseits
bewusster und gezielter Stiftungsakte und Inszenierungsformen
eines kulturellen Gedächtnisses vollziehen. Vor allem aber erlaubt
die Perspektive auf ein Gedächtnis der Texte einen ersten Zugang zu einer grundlegenden Aporie kollektiver Gedächtnispraktiken. Diese Aporie betrifft die Frage, wie die Erinnerung
an dasjenige restituiert werden kann, was nicht Gegenstand der
Tradierung geworden ist – z.B. weil die Träger der entsprechenden Tradition den Geschichtsverläufen zum Opfer gefallen sind.
Indem das intertextuelle Gedächtnis nicht von einer aktiven Ein-
speicherung von Daten in das kulturelle Gedächtnis ausgeht,
kann es als möglicher Aufbewahrungsort für solche ›unautori-
sierten‹ Erinnerungen und damit als Instanz einer spezifischen,
den stummen Opfern der Geschichte verpflichteten historischen
Gerechtigkeit betrachtet werden. Eine solche ›gerechte‹ Lektüre

hätte dem Literaturwissenschaftler Anselm Haverkamp zufolge nicht mehr auf den Inhalt der Texte zu achten. Stattdessen versteht Haverkamp die bloße Materialität der Zeichen, d. h. also die Laut- und Schriftstruktur eines Textes, als Spur vergangener Artikulationen, deren Botschaft und Inhalt vergessen wurden, die aber aufgrund der Polykontexturalität jedes Zeichens in diesen Zeichen selbst aufbewahrt bleiben. Das intertextuelle Gedächtnis der Texte kann in dieser Hinsicht als Erinnerung an eine an sich vergessene oder verstummte Vergangenheit verstanden werden (Haverkamp 1993).

Auf die Konsequenzen dieses Intertextualitätsmodells für eine Kritik des kulturellen Gedächtnisses wird im Anschluss an Walter Benjamin noch ausführlicher zurückzukommen sein. Für den vorliegenden Zusammenhang ist wichtig, dass die Suche nach den Spuren solcher intertextueller Verwandtschaftsbeziehungen zwischen Texten auch auf die mnemotechnische Anordnung von Raum und Bild stößt: Nicht nur bis ins 18. Jahrhundert, sondern noch weit über das vermeintliche Ende der Rhetorik hinaus lässt sich zeigen, dass Darstellungen von Erinnerungen an der Relation zwischen Gedächtnisorten und Gedächtnisbildern orientiert bleiben. Somit lässt sich sagen, dass die Mnemotechnik als Anweisung zur Erinnerung selbst Gegenstand der Überlieferung ist – einer Überlieferung allerdings, die nicht von einzelnen Autoren gesteuert wird, sondern sich gewissermaßen unbewusst durch konstante Textstrukturen ergibt.

Auf diese Weise wird die Mnemotechnik in der gegenwärtigen Kulturwissenschaft nach wie vor zur Erklärung von Phänomenen herbeigezogen (Haverkamp/Lachmann 1991). So etwa, wenn mit Blick auf die Architektur der Moderne die Relation von Ort und Bild vom einzelnen Bauwerk auf ganze Stadträume ausgeweitet wird: »Es sind die Metropolen, die magischen Brennpunkte der Kultur, die nicht nur die Gerüste, sondern auch alle

Bauteile der Gedächtnisarchitektur abgeben. [...] Die Stadt erscheint als *locus*, als Summe von *loci*, auf denen die *imagines* der Geschichten, Kulturen und Erfahrungen deponiert sind.« (Lachmann 1990, S. 51)

Topografien, Stadtanlagen oder Gedächtnisorte, aber auch archivarische Organisationsformen werden auf diese Weise als ›mnemotechnische‹ Gedächtnisräume verstanden. Dabei wird allerdings dreierlei übersehen: erstens, dass die antike Mnemotechnik eine praktische Lernstrategie und kein gesellschafts-, geschichts- oder literaturtheoretisches Erklärungsmodell ist; zweitens, dass sie aufgrund dieses pragmatischen Kontexts nie zur Beschreibung konkreter Topografien oder Architekturen gedacht war, sondern solche Räume immer nur für ihre Zwecke nutzte bzw. entwarf; drittens schließlich, dass diese Übersetzung der Mnemotechnik in eine Stadtbeschreibung übersieht, dass die Verbindung von Raum und Gedächtnis auch im Zeichen des Vergessens stehen kann. Das gilt zum einen, wie oben schon erwähnt, für den Orientierungsverlust in modernen Metropolen. Es lässt sich zum anderen aber auch aus frühneuzeitlichen Rhetoriktraktaten herleiten, die der antiken Mnemotechnik eine Vergessenslehre entgegensetzen: So empfiehlt Giovanni Fontana im 15. Jahrhundert, Aufschriften zu löschen sowie Merkzeichen abzudecken, als schlafend oder tot zu imaginieren oder aber ins Feuer zu werfen und zu zerstören. Lambertus Thomas Schenkels unterscheidet in *De memoria liber* von 1595 insgesamt acht Methoden des Vergessens, zu denen die Vorstellungen eines Sturms, der die Merkbilder durcheinanderbringt, oder einer Plünderung des Gedächtnispalasts gehören. Eine integrierte *Ars memoriae et oblivionis* legt 1610 Adam Bruxius vor, indem er einem ausführlichen Tabellensystem der rhetorischen Merkorte und -bilder eine entsprechende Aufstellung von Vergessenstechniken zur Seite stellt. Sie bestehen in einer Umkehr von Erinnerungstechniken,

d. h. der Aufhebung der Konstellation von *loci* und *imagines*. Bruxius empfiehlt hierzu *loci*, die entweder durch besondere Einsamkeit bzw. Unbedeutendheit ausgezeichnet oder von Personen bevölkert sind, die verschiedene Gebrechen aufweisen. Zum anderen seien *imagines* zu wählen, die – soweit es sich um feste Gegenstände handelt – nachlässig hergestellt oder schadhaft geworden oder aber von vornherein flüchtig verfasst sind wie z.B. Wind oder Wasser bzw. im Fall von Personengruppen Angehörige exilierter Völker (Bolzoni 2001, S. 139-145).

Auf der Ebene des individuellen Gedächtnisses kehren diese Vergessenstechniken in der erwähnten Fallgeschichte über den Mnemopathen Seresevsky wieder. Denn auch die Therapie des Gedächtniskünstlers Seresevsky wird analog zu der in der Rhetorik vorgeschlagenen Umkehrung erinnerungsfördernder Bildvorstellungen vollzogen: »Ich habe Angst, die einzelnen Vorführungen könnten durcheinandergeraten. Daher wische ich in Gedanken die Tafel ab und decke sie gleichsam mit einer Folie zu, die völlig durchsichtig und undurchdringlich ist.« (Lurija 1948/1991, S. 193) Die rhetorische Mnemotechnik ist mithin sowohl als Organisatorin des Erinnerns wie des Vergessens eine Konstante in der abendländischen Kulturgeschichte.

3. Medien: Speichertechniken und Gedächtnismetaphern

Sowohl im Fall der rituellen Inszenierung des kulturellen Gedächtnisses als auch in der Geschichte der rhetorischen Mnemotechnik hat sich derjenige Aspekt als zentral erwiesen, der bereits in Jan Assmanns Weiterführung von Halbwachs' Konzept eines kollektiven Gedächtnisses hervorgehoben wurde. Dieser Aspekt ist die medienhistorische Dimension von Erinnerungskulturen, genauer: die Auswirkungen, die ein Medienwechsel auf die Form und Funktion des kulturellen Gedächtnisses hat (A. Assmann 2004).

Assmanns Hinweis auf den Übergang von der rituellen zur textuellen Kohärenz einer Gemeinschaft verweist dabei auf die für die Kulturgeschichte der Menschheit einschneidende Ablösung oraler durch literale Kommunikationsformen, oder einfacher: auf die durch die Erfindung der Schrift markierte Schwelle. Unter medientheoretischer Perspektive gewinnt dieses faktisch zu verschiedenen Zeiten und an verschiedenen Orten erfolgte Ereignis (Haarmann 1990) seine Einheit aus den revolutionären Folgen, die die Literalisierung für eine Gesellschaft mit sich bringt. Ein wenig waren diese Folgen bereits in der eingangs erwähnten Schriftkritik Platons angeklungen, allen voran das Ende der Notwendigkeit, dass zwei Kommunikationspartner zur selben Zeit am selben Ort sein müssen, um sich miteinander verständigen zu können. Schrift erlaubt die räumliche und zeitliche »Zerdehnung« von Kommunikationssituationen (Ehlich 1983) – und damit das Unabhängigwerden der Gedächtnisinhalte von der Erinnerung einer lebenden und anwesenden Person.

Der Verweis auf Platon hat aber auch historische Gründe, denn sein Werk – nicht zufällig inszeniert als ›Transkription‹ mündlicher Dialoge seines Lehrers Sokrates – entsteht um 300 v. Chr. genau zur Zeit der Literalisierung der griechischen Gesellschaft. Nicht nur die rhetorische Mnemotechnik zeigt, wie präsent zu dieser Zeit mündliche Organisationsformen des Wissens noch sind. Auch das Grundlagenwerk der abendländischen Literatur, Homers Epen, liegt zwar zu Platons Zeit bereits verschriftlicht vor, ist aber in seiner sprachlichen Form noch deutlich geprägt von seiner zuvor mündlichen Überlieferung: das Metrum der Verse, das das Auswendiglernen unterstützt, die erinnerungsfördernde Wiederholung von Schlüsselwörtern und Gemeinplätzen bei der Charakterisierung der Figuren sowie der didaktische Impuls der Epenerzählung, der einen unmittelbaren Dialog zwischen vortragendem Sänger und anwesendem Zuhörer impliziert, verweisen alle auf die vormalige Aufführungsgebundenheit von *Ilias* und *Odyssee*, deren formale Eigenheiten sich in der verschriftlichten Fassung erhalten haben. Der amerikanische Kulturhistoriker Walter J. Ong hat die entsprechende Entdeckung von Milton Parry daher wie folgt zusammengefasst: »virtually every distinctive feature of Homeric Poetry is due to the economy enforced on it by oral methods of composition.« (Ong 1982, S. 21)

Man hat es also im antiken Griechenland mit einer Schwellensituation zu tun, in der *die Muse schreiben lernte*, wie die 1992 auf Deutsch erschienene Studie des Medienhistorikers Eric A. Havelock heißt. Dieser Lernprozess ist erstens einschneidend, weil er die Textüberlieferung von der Gedächtnisleistung des Einzelnen ablöst und für alle Schriftkundigen (deren Zahl zu Beginn natürlich noch sehr überschaubar war und – nicht zuletzt aus machtpolitischen Erwägungen – bis ins 18. Jahrhundert auch überschaubar gehalten wurde) sichert. Zweitens befreit er die Texte aber auch von der Notwendigkeit, ihre formale Gestalt stets an den für den auswendigen Vortrag notwendigen Merkhilfen zu orientieren. Ong nennt diese formalen Kennzeichen der Mündlichkeit »mnemonic patterns« (Ong 1982, S. 34), zu denen neben den erwähnten Aspekten von Rhythmus, Formelhaftigkeit und Aufführungsbezug auch die auffällige Redundanz der Texte, ihr Verzicht auf Abstraktionen oder Reflexion sowie die äußerst konservativen, d. h. nicht innovativen oder variierenden Erzählformen gehören. All das sind Elemente, die das Gedächtnis zu unterstützen geeignet sind und seine Überlastung vermeiden.

Drittens und vor allem aber beeinflusst das Schreibenlernen der Muse die Art und Weise, wie Texte rezipiert und verstanden werden. Ong argumentiert, dass erst die Entlastung des Gedächtnisses durch die schriftliche Speicherung so etwas wie ein kritisches Bewusstsein der Überlieferung gegenüber erlaubt: Solange sie den Bestand des kulturellen Gedächtnisses selbst bedrohen würden, sind Einwände oder Veränderungen des Überlieferten nicht zulässig, weil traditionsgefährdend. Die externe Speicherung der Inhalte erlaubt es aber, zu diesen Inhalten auf Distanz zu gehen. Alle Grundelemente der – im Sinne eines solchen Traditionszusammenhangs so genannten – abendländischen Gesellschaften können auf diese Weise auf die literale Revolution zurückgeführt werden: das Bewusstsein von Individualität (im Gegensatz zur Gruppe der Zuhörer), die demokratische Pluralität von Ansichten (im Gegensatz zur stabilisierenden Weitergabe einer Wahrheit) sowie die Entstehung eines logisch-empirischen Reflexionsvermögens (im Gegensatz zum Festhalten an immergleichen Ursprungsmythen). Vor allem aber setzt die Ablösung der Überlieferung von einer Aufführungssituation, in der Vorträger und Zuhörer an einem Ort versammelt sind, den bisher dominanten Gegenwartsbezug ritueller Gedächtnispraktiken aus. Havelock hält daher fest: »Oral memory deals primarily with the present [...]. Alphabetic transcription, effecting a slow accumulation of documented speech created in the Hellenistic age a past that could separate itself from the present, and from the present consciousness.« (Havelock 1982, S. 23 u. 25)

Diese These ist grundlegend, weil sie nichts weniger behauptet, als dass das Bewusstsein für das Vergangensein von Vergangenheit ein Effekt der Schriftkultur ist: Erst wenn Überlieferung nicht mehr situationsbezogen vollzogen werden muss, wird es denkbar, dass die Vergangenheit möglicherweise nicht zwangsläufig auf die Gegenwart bezogen ist (wie die von Assmann so genannte Mythomotorik das suggeriert), sondern ebenso unabhängig betrachtet werden kann, wie die Schrift unabhängig von der Gegenwart ihres Schreibens und Lesens existiert. Die Geschichtsschreibung – eine der grundlegenden Formen der kulturellen Gedächtnisbildung – nimmt ihren Ausgang bei Herodot nicht zufällig zeitgleich zu den hier besprochenen Zusammenhängen, sondern ist vielmehr deren unmittelbares Produkt: Die lineare Anordnung der Schriftzeichen befördert eine Sicht auf die Vergangenheit, die diese nicht länger als zirkuläre Wiederkehr mythischer Strukturen, sondern als geradlinige Entwicklungsgeschichte begreift.

Wie einige der im Voranstehenden angeführten Beispiele zeigen, ist die durch die Schrift ermöglichte Distanzierung von Gegenwart und Vergangenheit, die die Geburtstunde jener Historie ist, deren Nutzen und Nachteil Friedrich Nietzsche zwei Jahrtausende darauf diskutiert, nicht gleichbleibend stabil. Auch in literalen Kulturen gibt es kontrapräsentische und ›heiße‹ Erinnerungspraktiken, die von einer unmittelbaren Betroffenheit der

Gegenwart durch die Vergangenheit ausgehen. Entscheidend aber ist, dass eine solche Sichtweise unter den Bedingungen der Schriftlichkeit nur eine Option ist, eine Entscheidung, die auch anders hätte ausfallen können – und nicht mehr die dominierende Organisationsform der Relation zwischen Vergangenheit und Gegenwart wie noch in mündlichen Kulturen. Deren Strukturen können reinszeniert werden – Ong spricht in diesen Fällen, nicht zuletzt mit Blick auf moderne Kommunikationsmedien wie Radio und Fernsehen, die die menschliche Stimme in den Vordergrund rücken, von einer »sekundären Oralität«. Sie ist als solche aber nur eine mögliche Organisationsform literaler Kulturen und daher deren Gesetzmäßigkeiten auch und gerade im Modus der Distanznahme weiter verpflichtet.

Welches sind die für das kulturelle Gedächtnis entscheidenden Aspekte dieser Distanznahme? Die Auflösung der Gemeinschaft von Vortragendem und Zuhörendem hebt auch die Simultaneität der für alle Medien konstitutiven Operationen des Speicherns, des Übertragens und des Abrufs auf: Zwischen dem Notieren einer schriftlichen Information, dem Transport dieser Nachricht zu einem Rezipienten sowie der Decodierung des Übermittelten können Tausende von Kilometern und ebenso viele Jahre liegen. Aufgrund dieses geografischen wie historischen Komplexitätszuwachses der Kommunikation gilt, dass Schrift nicht nur selbst eine Kulturtechnik ist, sondern eine Vielzahl zusätzlicher Kulturtechniken hervorgebracht hat. Zu diesen Kulturtechniken zählen auf der einen Seite schriftkulturelle Praktiken, allen voran das Schreiben, insbesondere das Abschreiben, das vor Erfindung des Buchdrucks die einzige Möglichkeit der Multiplikation der Überlieferungsträger gewesen war, und das Lesen, d.h. die Fähigkeit, den notierten Buchstaben diejenigen Wörter, Sätze und Texte zu entnehmen, für die sie stehen. Auch für die Geschichte des Lesens ist der Buchdruck die entscheidende Zäsur: Erst die gedruckte Buchseite mit ihrer klar strukturierten typografischen Unterteilung wird zur Vorlage der stillen Lektüre individueller Leser, während geschriebene Texte bis dahin nach wie vor als Partituren für den öffentlichen Vortrag gedient hatten (Illich 1991). Vor allem aber wird mit dieser Praxis des stillen Lesens, die zumal mit der Ausbildung eines modernen Massenbuchmarkts im 18. Jahrhundert zunehmend ohne die Anleitung von Autoritäten auskommen muss, die Kulturtechnik der Interpretation immer weiter aufgewertet: Lesen bedeutet eben nicht nur, wie im Fall der mündlichen Auswendigkeit, den überlieferten Wortlaut zu memorieren und zu wiederholen, sondern vielmehr, ihn in Sinn zu übersetzen und das heißt: den Originalwortlaut zugunsten seines Gehalts zu ›vergessen‹ (Kittler 1979). Und je weniger dieser Übersetzungsvorgang von kollektiven ›Rahmen‹ wie z. B. der rituellen Inszenierung eines autoritären Vortrags und dessen kollektiver Rezeption strukturiert ist, desto mehr wird die Interpretation zum Schauplatz derjenigen Erfindung des 18. Jahrhunderts, die eine der wirkmächtigsten Folgen der Literalisierung der Gesellschaft gewesen ist: der Subjektivität und der Individualität des Menschen, die sich geistesgeschichtlich – z. B. bei Immanuel Kant – zeitgleich mit dem Prozess der Autonomisierung von Lesen und Schreiben herausbilden. So wie Kant jedes Individuum auffordert, sich seines Verstandes ohne fremde Beeinflussung zu bedienen, wird auch jeder Leser selbst als Autor des Sinns, den er liest, begriffen. Platons Befürchtung, dass die geschriebenen Worte ohne Kontrollmöglichkeit ihres Autors zwischen den Lesern zirkulieren, impliziert mithin – vorausgesetzt, man verlässt Platons kulturkritische Perspektive – eine immense Aufwertung dieser Leser als autonome Subjekte. Dass das 18. Jahrhundert auch die Epoche ist, in der das autobiografische Schrifttum der Moderne seinen Siegeszug antritt – zunächst in Gestalt religiös motivierter Selbstprüfungen in Tagebuchform, dann als säkularisierte Lebenserinnerungen in der Nachfolge von Rousseaus *Bekenntnissen* – belegt noch einmal die zentrale Rolle der Schrift- und Buchkultur für die verschiedenen Formen der Organisation des Gedächtnisses in der modernen Gesellschaft (Schlaeger 1993, Esposito 2002).

Neben diesen schriftkulturellen Praktiken hat die Literalisierung Kulturtechniken institutioneller Art hervorgebracht. Natürlich kann man auch im Fall des rituellen Festkalenders oder der öffentlichen Vortragskultur oraler Gesellschaften von Formen der Institutionalisierung sprechen. Wie im Fall der Überlieferungsgegenstände handelt es sich dabei aber um gegenwartsgebundende performative Institutionen. Ihnen stehen die monumentalen Einrichtungen der Schriftkultur entgegen, allen voran die Bibliothek, die als Sammlung oder Archiv zunächst auf das schlichte Überdauern schriftlich niedergelegter Zeugnisse reagiert. Schon in der Antike begann man solche Zeugnisse zu sammeln und solche Sammlungen – am prominentesten im Fall der legendären, im 3. Jahrhundert v. Chr. gegründeten Bibliothek von Alexandria – auch als Universalspeicher des Wissens zu betrachten. Neben dieser Vorstellung von der Bibliothek als Totalspeicher einer Kultur illustriert das Schicksal der alexandrinischen Bibliothek zugleich auch den größten anzunehmenden Unfall für das kulturelle Gedächtnis: Ein Bibliotheksbrand im Zuge der römischen Eroberung Ägyptens vernichtete einen Großteil des mehrere Millionen Bände zählenden Bestands. Bei einem weiteren Brand 642 n. Chr. wurde der gesamte Handschriftenbestand der Bibliothek vernichtet – und damit ein umfangreiches Korpus antiker Schriften unwiederbringlich aus dem Traditionszusammenhang herausgebrochen.

Trotz einer solchen immensen Zerstörung – deren nach wie vor einschneidende Auswirkungen auf das kulturelle Selbstverständnis einer Gemeinschaft zuletzt der Brand der Herzogin-

Anna-Amalia-Bibliothek in Weimar 2004 vor Augen geführt hat – wuchs der Bestand des in Bibliotheken Archivierten im Laufe der Jahrhunderte beständig weiter, bis er in der Folge des Buchdrucks schier explodierte und zu dem heute geläufigen Phänomen einer nicht einmal mehr von Experten zu überschauenden Masse an Aufbewahrtem führt. Dieser *information overload*, der im Zeitalter der Digitalisierung ein weiteres Mal potenziert wurde, hat zum einen zu Einrichtungen wie Katalogen und Datenbanken geführt, die die für sich genommen unüberschaubare Menge des Eingelagerten nach systematischen Kriterien sortieren und auffindbar – weil durch Siglen und alphabetische Anordnung adressierbar – machen. Zum anderen hat er zur Folge, dass die Konstellation aus Buchdruck und Bibliothek in der sogenannten ›Gutenberg-Galaxis‹ zu einem weitgehenden Auseinandertreten von Speicher- und Funktionsgedächtnis geführt hat: Je größer der Bestand des Archivierten, desto geringer der Anteil des tatsächlich aktiv genutzten und in die Kommunikation über die Vergangenheit eingespeisten Materials.

Aus diesem Grund ist die Bibliothek nicht bereits als Archiv eine Institution des kulturellen Gedächtnisses, sondern erst durch den Akt ihrer – zwangsläufig selektierenden – Nutzung (Wegmann 2000). Ein weiterer Modus der Institutionalisierung des kulturellen Gedächtnisses der Buchkultur besteht dann in der neuerlichen Zusammenfassung derartiger Nutzungsentscheidungen in Buchform: Seit der Frühen Neuzeit, dann aber vor allem im bereits angesprochenen Zeitalter der Aufklärung, häufen sich die Projekte, die das verfügbare Wissen einer Zeit selegieren, sortieren und zusammenfassen. Es entstehen die großangelegten Lexikonprojekte wie *Zedlers Universallexikon* in Deutschland sowie, als mustergültiges Modell seiner Zeit, die französische *Encyclopédie*. Allerdings kann die Enzyklopädie als zweites Totalitätsprojekt der Buchkultur den Einzelnen ebenso wenig mit dem gesamten eingespeicherten und verfügbaren Wissen versorgen wie das Gesamtarchiv einer Bibliothek: Schon die Tatsache, dass an einem solchen Lexikonprojekt eine Vielzahl an Autoren mitarbeitet, belegt, dass das Wissen die Ausmaße des von einer Person Merkbaren längst hinter sich gelassen hat.

Das gilt zumal für die dritte medienhistorische Version des Ideals eines Universalspeichers, mit dem man allerdings die Gutenberg-Galaxis hinter sich lässt: Das Internet als global vernetztes digitales Speicher- und Kommunikationsmedium stellt zwar ein nahezu unbegrenztes Medium für Aufbewahrung und Abruf von aktuellem und überliefertem Wissen dar – nicht zuletzt, weil digitale Medien die Simulation anderer Medientechniken erlauben, wie z.B. das Projekt einer Digitalisierung der führenden Bibliotheken der Welt durch das Unternehmen *Google* zeigt. Die dem enzyklopädischen Projekt entlehnte Praxis, mehrere Autoren an der Erstellung des kulturellen Speichers zu beteiligen, ist aber im Falle des Internet derart radikalisiert worden, dass eine zentrale Kontroll- oder Editionsinstanz entfällt. Die Folge ist, dass die Netzversion einer Universalenzyklopädie, *Wikipedia*, konzeptuell zwar alle Wissensbestände aller seiner Nutzer vereinigt, die Sicherheit, dass diese Wissensbestände zuverlässig oder auch nur dauerhaft verfügbar sind, allerdings nicht mehr zu gewährleisten vermag. Ein weiteres Beispiel für das Potenzial wie die Absurdität der Möglichkeiten des Internet ist das Projekt der US-amerikanischen Library of Congress, sämtliche über Twitter versandte Mikroblogs zu archivieren. Somit gilt: Bibliothek, Enzyklopädie und Internet halten die Gesamtheit des tradierten Wissens immer nur *als Potenzialität* in Erinnerung – als Möglichkeit, zu deren Aktualisierung man aber gezwungen ist, eine Auswahl zu treffen. Dennoch betonen medienwissenschaftliche Darstellungen die Notwendigkeit, das Konzept des kulturellen Gedächtnisses angesichts der Entwicklung digitaler Netzwerke zu modifizieren

(Zierold 2006) – nicht zuletzt hinsichtlich der gegenüber dem herkömmlichen nationalstaatlichen Monopol weitaus größeren Partizipationsmöglichkeiten an der Selektion und Tradierung identitätsbildender Narrative (Dreier/Euler 2012).

Trotz dieser Einschränkung sowie des vermeintlichen Endes des Gutenberg-Zeitalters ist die Bibliothek bis heute das zentrale Symbol für das Bemühen einer Kultur geblieben, ihr Gedächtnis zu bewahren. Der französische Wissenschaftshistoriker Michel Foucault spricht in diesem Zusammenhang von Museen und Bibliotheken als Institutionen »der sich endlos akkumulierenden Zeit« und resümiert diese Gedächtnisfunktion als »Idee, alles zu akkumulieren, die Idee, ein Generalarchiv zusammenzutragen, der Wille, an einem Ort alle Zeiten, alle Epochen, alle Formen, alle Geschmäcker einzuschließen, die Idee, einen Ort aller Zeiten zu installieren, der selber außer der Zeit und sicher vor ihrem Zahn sein soll, das Projekt, solchermaßen eine fortwährend und unbegrenzte Anhäufung der Zeit an einem unerschütterlichen Ort zu organisieren« (Foucault 1967/1990, S. 43). Leistungsfähigkeit und Kritik dieser Idee haben wir in unserem bisherigen Durchgang durch die Theorien des kulturellen Gedächtnisses bei Halbwachs und Assmann auf der einen, Nietzsche und Nora auf der anderen Seite bereits kennengelernt. Entscheidend ist aber Foucaults Beobachtung, dass es sich um eine Idee handelt oder, wie er an anderer Stelle einmal formuliert hat, um eine *fantastique* de bibliothèque, eine Bibliotheksfantasie (Foucault 1970/1988): Das Angebot einer Bibliothek, alles jemals Artikulierte für das kollektive Gedächtnis verfügbar zu halten, entfaltete seine intensivste Wirkung als Idealbild dieses Gedächtnisses. Als ein solches Idealbild eignet es sich in besonderer Weise dafür, immer wieder als Metapher für den Zusammenhang kultureller Überlieferung und Erinnerung herangezogen zu werden – also z. B. auch noch als Bild für das Speicherprogramm digitaler Medien.

Damit ist die neben der tatsächlichen Speicherfunktion zweite zentrale Rolle angesprochen, die Medien in der kulturwissenschaftlichen Gedächtnisforschung zukommt: Insofern Medientechniken von der Schrift über den Buchdruck bis zu Foto-, Phono- und Kinematografie und schließlich den digitalen Codierungen der Computer immer materielle Träger symbolisch, analog oder digital encodierter Daten und also *Speichermedien* waren, erfüllen sie genau diejenige Funktion, die das Gedächtnis erfüllen soll: Sie bewahren Vergangenes so auf, dass es in der Gegenwart wieder abgerufen werden kann. Im Fall der Schrift- und Buchkultur tun sie dies auf symbolische Weise, d. h., sie übertragen das zu Speichernde in einen Code, der von seiner Zeichenstruktur her nichts mit den gespeicherten Inhalten zu tun hat, sondern sie lediglich auf konventionalisierte Weise (diese Konventionen nennen wir ›Sprache‹ und ›Schrift‹) repräsentiert. Die Revolution, die die Erfindung der Fotografie bedeutete, wurde darin gesehen, dass an die Stelle solcher symbolischer Repräsentationen das analoge Abbild der Wirklichkeit selbst zu treten schien, so dass Fotografietheoretiker wie Henry Fox Talbot vom »Zeichenstift der Natur« oder Semiotiker wie Roland Barthes von einer »Botschaft ohne Code« sprechen konnten (Stiegler 2006). Digitale Medien schließlich abstrahieren in ihrer binären Zeichenstruktur erneut radikal von den zugrunde liegenden Inhalten, tun das aber auf eine Weise, die es erlaubt, diese Inhalte auf einer Benutzeroberfläche in ihrer ganzen visuellen, sprachlichen und klanglichen Mehrdimensionalität wiedererstehen zu lassen.

Wenn diese Medienevolution nun immer wieder als Metapher für das individuelle wie das kollektive Gedächtnis herangezogen wurde und bis heute herangezogen wird, so ist das für die kulturwissenschaftliche Gedächtnisforschung insofern von Interesse, als es zeigt, dass ein neurobiologischer Prozess wie das menschliche Erinnerungsvermögen bzw. ein gesellschaftlicher, politischer und historischer Zusammenhang wie das kulturelle Gedächtnis beim Versuch ihrer Definition und Charakterisierung auf kulturhistorische Hilfsmittel zur Veranschaulichung des Gemeinten angewiesen sind. Der Linguist Harald Weinrich (1976, S. 294) ging sogar so weit zu sagen: »Wir können einen Gegenstand wie die Memoria nicht ohne Metaphern denken.« Dies belegt bereits anschaulich die simple Terminologie von ›Speichern‹ und ›Abrufen‹.

Weinrich unterscheidet zwei zentrale Bildfelder in der abendländischen Kulturgeschichte: erstens Magazinmetaphern, die die Vorstellung stützen, das Gedächtnis sei ein Komplex abgelegter und potenziell abrufbarer Wissensdaten wie etwa im Fall von Bibliotheken oder Enzyklopädien (deren Metaphorisierung, etwa in der Erzählung *Die Bibliothek von Babel* des argentinischen Autors Jorge Luis Borges bzw. ihrer Adaption in Umberto Ecos *Der Name der Rose*, genau dieser Traditionslinie folgt); zweitens Wachstafelmetaphern, also Modellierungen der Erinnerung als Einschreibung und Lektüre bestimmter Daten – eine Metaphernlinie, die sich direkt aus dem durch die Erfindung der Schrift ausgelösten kulturellen Wandel speist und in der Moderne etwa in Richard Semons Konzept des Engramms oder Sigmund Freuds *Notiz über den Wunderblock* als Metapher für die Interaktion von Bewusstem und Unbewusstem nachgewiesen werden kann.

Beide Metaphernfelder, Magazin wie Wachstafel, haben ihren Ursprung in Platons Dialog *Theaitetos*: Platon versinnbildlicht das Gedächtnis hier zunächst als Taubenschlag, und er wählt dieses Bild einer belebten Voliere, um den Unterschied zwischen Speichergedächtnis (dem schieren Besitz der Tauben) und Funktionsgedächtnis (dem tatsächlichen Ergreifen eines bestimmten Vogels) zu illustrieren. Diese Problematik, inwieweit das Magazinierte verfügbar sei, schwingt in allen späteren Magazinmetaphern mit: als Höhle oder Magen bei dem Kirchenvater Augustinus, als Schatzkammer in der mittelalterlichen Scholastik bei Thomas von Aquin, als Lagerhaus bei dem englischen Sensualisten John Locke oder als dunkler Minenschacht bei G. W. F. Hegel.

Neben dem Bild vom Taubenschlag metaphorisiert Platon im *Theaitetos* das Gedächtnis als Wachstafel in der Seele, in die sich die einzelnen Wahrnehmungen einschreiben können. Dieses Bild des ›Einprägens‹ – eine Metapher für den Merkprozess, die die Vorstellung einer Wachsmasse bis in die heutige Umgangssprache hinübergerettet hat – hat den Vorzug, den gesamten Prozess von Wahrnehmen, Überliefern und Wiedererinnern im Rahmen eines stabilen Bildfels, demjenigen der Schrift, zu versinnbildlichen. Selbst die Bezeichnungen für die analogen Medien des 19. und 20. Jahrhunderts – Fotografie, Phonographie, Kinematografie – partizipieren durch ihr vom griechischen Verb *graphéin*, schreiben, abgeleitetes Suffix an dieser Vorstellung einer ›Einschreibung‹ des Vergangenen in Erinnerungsmedien. Hinzu kommt, dass die Vorstellung vom Gedächtnis als Schriftarchiv in der zur Einschreibung komplementären Praxis des Lesens zugleich auch eine Metapher für den Vollzug der Erinnerung bereithält.

Aus diesen Gründen kann man die Schrift als Universalmetapher in fast allen abendländischen Gedächtnistheorien nachweisen, wodurch die menschheitsgeschichtliche Schwelle der Literalisierung zusätzliche Bedeutung für kulturwissenschaftliche Beschäftigungen mit Gedächtnisphänomenen gewinnt. Mindestens zwei Einwände sind gegen diese Gleichsetzung von Erinnerungsprozessen mit Schriftmedien aber zu bedenken: Der erste Einwand geht zurück auf Platons Schriftkritik in seinem Dialog *Phaidros*, die darauf hinweist, dass externe Speichermedien das Erinnerungsvermögen des Menschen eher bedrohen als unterstützen. Platons Argument zielt dabei vor allem auf das Problem, dass die Schrift eine Botschaft auch in Abwesenheit des diese Botschaft äußernden Subjekts zu kommunizieren vermag und daher nicht sichergestellt wird, dass der Leser auch genau dieselbe Botschaft versteht, die der Schreiber bei der Niederschrift im Sinn hatte. Dieses Argument einer ›zerdehnten‹ Kommunikationssituation ist für die Gedächtnisfunktion der Schrift insofern zentral, als es die Leistung von Speichermedien radikal infrage stellt: Zwar ist es richtig, dass Medien Informationen viel länger und mit viel größerer Reichweite bewahren und verbreiten können als das menschliche Gedächtnis. Zugleich aber können Speichermedien korrumpiert oder doppeldeutig sein und geben in der Folge die eigentlich zu tradierenden Inhalte dem Vergessen oder einem Missverständnis anheim.

Der französische Philosoph Jacques Derrida hat in seiner Analyse von Platons Erzählung des Mythos von der Erfindung der Schrift sowie vieler anderer Texte der abendländischen Überlieferung, die die Schrift zum Gegenstand haben, gezeigt, dass das Argument von der Minderwertigkeit des Schreibens gegenüber der lebendigen Erinnerung eine Konstante der abendländischen Philosophie- und Kulturgeschichte ist. Platons Kritik, die Schrift sei ›Gift‹ für diese lebendige Erinnerung, steht aber die andere Bedeutung des griechischen Wortes für Gift, *phármakon*, gegenüber, das vermeintlich paradoxerweise ›Heilmittel‹ bedeutet (vgl. dazu heute noch den Doppelsinn von *drug* im Englischen). Wenn die Schrift aber auf diese Weise immer auch ein Heilmittel für die lebendige Erinnerung ist, dann folgt daraus, dass diese nicht so selbstgenügsam und vollkommen ist, wie Platon und andere behaupten. Derridas Argument ist daher, dass die Gegenüberstellung von lebendiger Erinnerung und ›totem‹ Speichergedächtnis nicht aufrechterhalten werden kann, da die Schrift, die der lebendigen Erinnerung gegenüber mangelhaft ist und nur einspringt, wenn diese nicht zur Verfügung steht, diesem lebendigen Gedächtnis dabei seinerseits einen Mangel aufweist. Dieses Verfahren, anhand dessen die Gegenüberstellung eines vermeintlich dominanten Prinzips und einer ebenso vermeintlich minderwertigen Hilfskonstruktion aufgelöst wird, nennt Derrida ›Dekonstruktion‹: »Obgleich die Schrift somit dem (inneren) Gedächtnis äußerlich [...] sein soll, affiziert und hypnotisiert sie es in seinem Drinnen.« (Derrida 1972/1995, S. 123)

Für die kulturwissenschaftliche Gedächtnistheorie ist das Verfahren der Dekonstruktion deshalb so wichtig, weil es zeigt, dass die Medien des kulturellen Gedächtnisses dem menschlichen Gedächtnis nicht nachgeordnet sind, sondern dieses psychologische Gedächtnis prägen – wie wiederum Derrida anhand von Sigmund Freuds Theorie des Gedächtnisses als ›Bahnung‹ nachgewiesen hat, die ebenfalls analog zur Vorstellung einer schriftlichen Spur geprägt ist: Freud illustriert in seinem kurzen Text *Notiz über den Wunderblock* die menschliche Psyche nach dem Modell einer Zaubertafel, wie sie Kinder zum Spielen haben: Die Oberfläche des ablösbaren Zelluloidpapiers lässt hier, analog zum Bewusstsein, immer neue Wahrnehmung zu, während zugleich auf der zugrunde liegenden Wachstafel in der gleichen Weise Dauerspuren hinterlassen werden, wie Freud dies für das Unbewusste annimmt: »Das ist aber ganz die gleiche Art, wie [...] unser seelischer Apparat die Wahrnehmungsfunktion erledigt. Die reizaufnehmende Schicht – das System *W[ahrnehmung]-B[e]w[ußtsein]* – bildet keine Dauerspuren, die Grundlagen der Erinnerung kommen in anderen, anstoßenden Systemen zustande.« (Freud 1930/1999, S. 7) Aus dieser Modellanalogie folgert Derrida: »Die Schrift ergänzt die Wahrnehmung, noch bevor diese sich selbst erscheint. Das ›Gedächtnis‹ oder die Schrift sind die Eröffnung dieses Erscheinens selbst. Das ›Wahrgenommene‹ läßt sich nur als Vergangenes, unter der Wahrnehmung und nach ihr, lesen.« (Derrida 1967/1972, S. 341)

Derridas Sichtweise impliziert zum einen eine ganz neue Perspektive auf das Gedächtnismedium der Schrift: Einerseits ist sie nicht im Sinne einer Verschriftlichung von vorab bestehenden Gedächtnisinhalten sekundär, sondern wird selbst als strukturierendes Element aller Erinnerungen verstanden. Andererseits geht mit dieser Aufwertung zugleich eine Absage an ihre Zuverlässigkeit und Stabilität einher: Insofern die Schrift eine ›Spur‹ im Sinne Freuds ist, repräsentiert sie keinen festumrissenen Sinn und bewahrt keine Vergangenheit, so wie sie gewesen ist. Eine Spur, so Derridas dekonstruktives Argument, verweist immer nur auf weitere Spuren, ohne je beim Zentrum einer intendierten Bedeutung oder Vergangenheit anzukommen. Was Platon aber noch als Autoritätsverlust einer extern gespeicherten Aussage kritisiert hatte, wird von Derrida als Befreiung der Schrift vom Zwang, Sinn und Vergangenheit zu bewahren, verstanden. Schrift als Spur ohne Ursprung und Zentrum zu verstehen eröffnet dem Gedächtnismedium die Möglichkeit, immer neue Bezüge auf eine immer wieder aufs Neue zu konstruierende Vergangenheit zu entwerfen, die auf diese Weise zugleich erinnert und vergessen wird (Gawoll 1988/1989; Krell 1990).

Zum anderen folgt aus Derridas Verständnis der Schrift, dass Medienmetaphern wie die Schrift Erinnerungsphänomenen nicht nachfolgen, sondern zugrunde liegen. Dieser Zusammenhang kann historisch insofern belegt werden, als sich zeigen lässt, dass historische Gedächtnistheorien immer auf den jeweils aktuellen Stand der Medienentwicklung zurückgegriffen haben: So wie Platon an der Wende einer oralen zu einer literalen Kultur auf die Schrift verweist, ziehen mittelalterliche Gedächtnistheoretiker das Buch heran. Seit der Mitte des 19. Jahrhunderts ist es dann insbesondere die Fotografie, die als Gedächtnismetapher dient, während heutige Netzwerktheorien in der Neurobiologie ihr Modell in Form des Computers finden. Die Geschichte der Gedächtnistheorie ist mithin, wie Douwe Draaisma argumentiert, auch insofern eine Mediengeschichte, als Medien uns die Metaphern zur Verfügung stellen, mittels deren wir die Funktionsweise des Gedächtnisses beschreiben können:

»Diese künstlichen Gedächtnisse haben das natürliche Erinnerungsvermögen nicht nur unterstützt, entlastet und gelegentlich ersetzt, sondern auch unseren Auffassungen über Erinnern und Vergessen Form gegeben. Durch die Jahrhunderte hindurch verhalfen uns prothetische Gedächtnisse zu den Begriffen und Konzepten, in denen wir über unser eigenes Erinnerungsvermögen nachgedacht haben. Wir sammeln ›Eindrücke‹ und ›Impressionen‹, als wäre das Gedächtnis ein Wachsblock, in den man einen Siegelring drückt. Einige Ereignisse sind ins Gedächtnis ›graviert‹, als wäre es eine Schreibfläche. Was wir behalten wollen, müssen wir uns ›einprägen‹; was wir vergessen haben, ist ›gelöscht‹. Bei Menschen mit einem besonders ausgeprägten visuellen Erinnerungsvermögen [...] spricht man von einem photographischen Gedächtnis.« (Draaisma 1995/1999, S. 11)

Das heißt aber, dass Gedächtnistheorien mehr über die Technikgeschichte ihrer jeweiligen Zeit verraten als über das tatsächliche Funktionieren der Erinnerung: Draaisma weist nach, dass die Entwicklung der Gedächtnisforschung weniger in einem Zuwachs an Wissen über den Gegenstand zu sehen ist als in einem jeweils epochenspezifischen Wechsel der Gedächtnismetaphern: »Unsere Auffassungen über den Hergang des Erinnerns werden von den Verfahren und Techniken gespeist, die wir für das Konservieren und Reproduzieren von Informationen erfunden haben.« (Ebd.)

Auf diese Weise verfügt die kulturwissenschaftliche Gedächtnisforschung über zwei Perspektiven auf die Mediengeschichte: Erstens versteht sie Medien als die wandelbare Grundlage der das kulturelle Gedächtnis prägenden Traditionsprozesse und Institutionen. Zweitens bietet die Entwicklungsgeschichte der Medien Einsichten in die metaphorische und kulturhistorische Basis philosophischer, psychologischer und neurobiologischer Erinnerungstheorien. Allerdings verdeckt der Wandel der Gedächtnismetaphern im Spiegel der Technikgeschichte, dass die jeweiligen metapherninduzierten Vorstellungen vom Gedächtnis historisch dennoch relativ stabil bleiben. Der gegen die damals populäre Analogisierung von Fotografie und Erinnerung gerichtete Einwand von Théodule Ribot, es nütze wenig zu wissen, wie ein Foto etwas ›behält‹, solange keine Kenntnis darüber bestehe, wie das Gehirn Erinnerungen festhalte, trifft dabei alle Versuche, das Gedächtnis anhand von Metaphern zu erklären. Vor allem im Fall des Vergleichs von technischen und kognitionswissenschaftlichen Begriffen – z.B. zwischen neuronalen und digitalen Netzwerken – fragt es sich überdies, ob dieser Vergleich noch metaphorisch zu nennen ist und ob nicht vielmehr Computer nach dem Modell des Gehirns konstruiert werden, als dass umgekehrt dieses durch jenes verständlich würde. Wenn das aber so ist, dann ist das Gedächtnis die Metapher, die es erlaubt, Speichermedien (und vielleicht sogar den gesamten Begriff der Kultur) zu verstehen.

Zudem ist zu bedenken, dass es historisch keineswegs nur mediale Metaphern für das Gedächtnis gegeben hat: Aleida Assmann hat neben räumlichen und schriftlichen Bildern auch auf »zeitorientierte [...] Metaphern« hingewiesen wie z.B. ›erwachen‹ oder ›erwecken‹ (A. Assmann 1991, S. 14). Aber auch akustische Metaphern wie ›Echo‹ oder optische wie der ›Spiegel‹ lassen sich nicht ohne Weiteres in eine Technikgeschichte der Medien einordnen.

Schließlich und vor allem aber verdeckt die generalisierende Ansicht, das Gedächtnis sei grundsätzlich nur metaphorisch vorstellbar, die Möglichkeit formaler oder funktionaler Beschreibungen von Gedächtnisprozessen. Einen solchen Vorschlag haben wir bereits kennengelernt, als Niklas Luhmanns systemtheoretisches Konzept des Gedächtnisses als Unterscheidung von Erinnern und Vergessen angesprochen wurde. Einen anderen Vorschlag bieten philosophische, historiografische, psychologische und literarische Konzeptionen des Erzählens, die den Bezug auf eine Vergangenheit nicht über Medien, sondern über die Art und Weise seiner Strukturierung zu erklären versuchen.

›Erzählen‹ wird hier nicht auf eine Spezialeigenschaft literarischer Texte reduziert, sondern als grundsätzliches Strukturelement aller Versuche, zeitliche Abläufe sinnvoll zu organisieren. Der hermeneutische Ansatz bei Paul Ricœur (1987) versteht solche Erzählstrukturen als den Modus, in dem sich überhaupt nur sinnhaftes Verstehen vollziehen kann, da eine Erzählung in ihrer von Anfang und Ende geprägten Struktur den gleichen ganzheitlichen Anspruch hat wie der Vollzug eines Lebens zwischen Geburt und Tod. In diesem Sinne wird mittlerweile in der Geschichtswissenschaft (White 1973/1991) die Abhängigkeit historischer Einsichten von Erzählformen und metaphorischen Modellen betont. Und die *narrative psychology* (Straub 1998) beschreibt Erzählformen aufgrund von Strukturen wie Vorher/nachher-Beziehungen, Kausalverhältnissen oder der subjektiven Zuschreibung von Handlungen als zentrales Verfahren des Identitätsgewinns von Personen. Die Literaturwissenschaft schließt an diese Vorschläge an, indem sie erzähltheoretische Grundlagen bei der Konstruktion autobiografischer und kollektiver Erinnerungen analysiert (Erll/Nünning 2005).

Die Frage nach den Medien des kulturellen Gedächtnisses verschiebt sich auf diese Weise zur Frage, wie und welche Erinnerungen erzählt werden können. Damit liegt eine Verkehrung der herkömmlichen Vorstellung zugrunde, der zufolge Geschichten – seien sie kollektiver oder individueller Natur – erst nachträglich über reale Ereignisse angefertigt werden. Diese Annahme einer Nachträglichkeit ist aber nicht haltbar, wenn man sich vor Augen führt, dass die Ereignisvielfalt des Lebens überhaupt nur durch narrative Operationen zu bewältigen ist: Die Selektion solcher Ereignisse, die sich als zusammenhängende Entwicklung wahrnehmen lassen, die Angabe kausaler Zusammenhänge zwischen ihren einzelnen Etappen, die wiedererkennbare Charakterisierung der beteiligten Personen sowie die Auswahl einer Perspektive auf die Vorgänge, die diese nachvollziehbar werden lässt, sind allesamt Techniken des Erzählens, die die Wahrnehmbarkeit der Vergangenheit allererst ermöglichen und auf diese Weise bereits das gegenwärtige Erleben selbst strukturieren. Gewinnt aber die Rekonstruktion von Vergangenheit – in der Geschichtsschreibung wie im Fall persönlicher Erinnerungen – überhaupt nur durch narrative Strukturen eine sinnvolle Form, so ist umgekehrt davon auszugehen, dass jede Version der Vergangenheit von ihrer Erzählform beeinflusst ist: Widersprüche werden geglättet und Ereignisse in allgemein bekannte schematische Plots eingeordnet (Polkinghorne 1988). Damit sind Erzählungen als Strukturierungen von Erinnerungen zugleich auch das Medium der Gestaltung, wenn nicht gar Verfälschung, vergangener Ereignisse. Verbunden mit psychologischen Experimenten zur Produktion vermeintlicher Erinnerungen durch Erzählschemata (Bartlett 1932, Hirsch 1997) führten diese Einsichten – vor allem im Zusammenhang von Zeugenaussagen in Missbrauchsprozessen in der sogenannten *false-memory*-Debatte – zu einer massiven Hinterfragung der Authentizität bestimmter Vergangenheitsversionen. Zugleich ist diese Debatte aber auch für eine Diskussion des kulturellen Gedächtnisses relevant – nicht nur hinsichtlich der grundsätzlichen Einsicht in die Konstruiertheit aller kollektiven Erinnerungsentwürfe (Berek 2009), sondern auch im Zusammenhang mit Debatten über kollektive Traumata wie etwa die Terrorangriffe in New York am 11.9.2001 (Kühner 2008).

125

4. Tradition: Kanon, Zensur und die Opfer der Geschichte

Der Übergang von einem materiellen Modell des Gedächtnisses als Speicher zu einem funktionalen Konzept des Erinnerns als Erzählen lenkt die Aufmerksamkeit der kulturwissenschaftlichen Gedächtnistheorie von der vollständigen Aufbewahrung auf den organisierten Abruf der jeweiligen Inhalte. Erzählen wird in der *narrative psychology* als strukturgebende Auswahl und Anordnung von Vergangenem mit dem Ziel der Sinngebung verstanden.

Dieser Perspektivwechsel vom Speicher- zum Funktionsgedächtnis offenbart zugleich aber auch die enge Verbindung zwischen beiden. Denn es ist ja gerade die Tatsache der immer weiter steigenden Speicherkapazität neuer Medien, die auch die Notwendigkeit der Auswahl erhöht. In oralen Gesellschaften, in denen das kulturelle Gedächtnis auf der Erinnerung konkreter Personen beruht, findet diese Auswahl bereits während des Prozesses der Speicherung statt: Die für die Tradierung der Vergangenheit zuständigen Spezialisten wie z. B. die westafrikanischen Griots merken sich nur diejenigen Aspekte der Vergangenheit, die sie auch weitergeben wollen. Für diese Vorauswahl relevanter Ereignisse prägte der Psychologe John A. Barnes 1947 den Begriff der ›strukturellen Amnesie‹, der im Gegensatz zum Krankheitsbild gleichen Namens die Notwendigkeit des Vergessens betont: Die Konzentration auf die sozial relevanten Inhalte z. B. einer Stammesgeschichte ist nur möglich, wenn alle nicht in diese Version der Stammesgeschichte passenden Elemente unerzählt bleiben

(Goody/Watts 1981, S. 67). Umgekehrt gilt: »Die bloße Tatsache, daß die literale Gesellschaft über kein System der Eliminierung, über keine ›strukturelle Amnesie‹ verfügt, macht es unmöglich, daß die Individuen so umfassend an der kulturellen Tradition partizipieren, wie es in einer nicht-literalen Gesellschaft möglich ist.« (Ebd., S. 107)

Diese Gegenüberstellung lässt sich aber bei einem näheren Blick auf die Organisation des kulturellen Gedächtnisses in Schriftkulturen kaum aufrechterhalten. Der Akt der Selektion verschiebt sich hier lediglich vom Prozess der Speicherung auf den der Nutzung der gespeicherten Daten: In literalen Gesellschaften kann zwar alles archiviert, nicht aber alles gelesen werden. Hinzu kommt, dass auch Gesellschaften, die über externe Speichermedien verfügen, gezielte Amnesie betreiben können, denkt man etwa an Bücherverbrennungen.

Damit wird deutlich, dass das kulturelle Gedächtnis wie jedes andere auf zentrale Weise an Praktiken des Auswählens und d.h. Vergessens gebunden ist, will es seine Aufgabe des Tradierens erfüllen. Und das Beispiel der Bücherverbrennung zeigt, dass diese Praktiken zumeist im Kontext eines unmittelbaren politischen, zumindest aber kulturpolitischen Interesses stehen, insofern die Entscheidung über Tradition und Löschung aufs Engste mit dem jeweiligen Bild, das ein Kollektiv von sich selbst überliefern und bewahren will, zusammenhängt.

Kulturhistorisch lassen sich diese Praktiken durch das Begriffspaar von Kanon und Zensur beschreiben (Assmann/Assmann 1987). Unter ›Kanon‹ versteht man die Festlegung eines bestimmten Korpus an zu überliefernden Texten, unter ›Zensur‹ rechtliche Maßnahmen, die die Verbreitung und Tradierung anderer Texte verhindern. Der Textbegriff ist dabei allerdings denkbar weit gefasst: Jan Assmann hat in *Das kulturelle Gedächtnis* zwischen der nicht textbasierten Kanonisierung der Überlieferung, wie sie sich in der ägyptischen Tempelarchitektur niederschlägt, und dem Textkanon der jüdischen Kultur unterschieden. Auch in der griechischen Kultur führte die Tatsache einer unüberschaubaren Textproduktion zu Reduktions- und Kontrollversuchen. Dazu gehört die Auswahl einer begrenzten Zahl überlieferungswürdiger Dramentexte der attischen Tragöden in der säkularen Überlieferung ebenso wie die Abgrenzung ›kanonischer‹ von ›apokryphen‹ Büchern des Alten und Neuen Testaments in der jüdisch-christlichen Tradition. In Mittelalter und Renaissance wurden die philosophischen Werke der Antike zum zentralen Bezugspunkt und insbesondere Aristoteles zum kanonischen Autor. Hinzu kommt die in den am Beginn des 19. Jahrhunderts entstehenden Philologien erfolgende Kanonisierung der großen Leistungen der Weltliteratur, zu denen zunächst nur Dante, Shakespeare und Cervantes gehören. In Gestalt von ›großen‹ und ›kleinen‹ Leselisten wurde dieser Kanon in den modernen Literaturwissenschaften um ›moderne‹ Autorinnen und Autoren erweitert und modifiziert, als Organisationsform aber aufrechterhalten. Und noch das Genre der studienbegleitenden Einführungsliteratur, zu dem auch dieser Band gehört, rekurriert bei seiner Vorauswahl und Fokussierung bestimmter Theoretiker auf bestehende Kanonisierung, die es zugleich fortschreibt und stabilisiert.

Der Kanon wird hier zum Leitfaden, der anhand von Qualitätsurteilen die Orientierung in der Gutenberg-Galaxis erlaubt. Als solcher lebt er aber naturgemäß vor allem von den Einsprüchen, die gegen die Auswahlkriterien und ihre Entscheidungen erhoben werden. Es ist daher kaum zu viel gesagt, wenn man behauptet, dass der Prozess der Tradierung kultureller Erzeugnisse sich wesentlich in Gestalt einer Kanonisierungsdebatte vollzieht, innerhalb deren die Kanonizität von Texten immer Argument und Resultat zugleich ist: Texte werden wieder- und weitergelesen, weil sie schon immer ausgewählt und gelesen wurden.

Qualität und Tradierung treten zueinander in ein zirkuläres Begründungsverhältnis.

Dieser Festlegung des aktuell zu Tradierenden aus der Menge des potenziell Tradierbaren steht die Zensur als Akt der gezielten und gesteuerten Tilgung von Überlieferungsbeständen aus dem kulturellen Gedächtnis entgegen: Politisch, religiös oder moralisch unliebsame Schriften werden verboten, beschlagnahmt, zerstört oder um die anstößigen Passagen gekürzt. Auch wenn man diese Praktiken gern absolutistischen oder totalitären Gesellschaftsformen zuspricht, gegen deren Hoheitsanspruch über das kulturelle Gedächtnis die liberale Ideologie aufgeklärter Demokratien steht, so ist doch deutlich, dass auch in westlichen Gesellschaften der Moderne Zensurmaßnahmen – z.B. gegen faschistische, pornografische oder gewaltverherrlichende Medienprodukte – getroffen werden. Auch wenn es hier auf den ersten Blick nicht um das kulturelle Gedächtnis, sondern das psychosoziale Wohlbefinden der Mitglieder dieser Gesellschaften geht, so ist doch deutlich, dass das kollektive Selbstbild einer Gemeinschaft immer auch auf der Eliminierung bestimmter Inhalte beruht, wie immer wohlbegründet diese Eliminierung in den genannten Fällen auch sein mag.

Kanonisierung und Zensierung als Organisationsformen des kulturellen Gedächtnisses gehören unmittelbar zusammen. Besonders auffällig wird dies, wenn Zensurmaßnahmen die Aufmerksamkeit für ein bestimmtes literarisches oder filmisches Produkt erhöhen und auf diese Weise zu dessen nachträglicher Kanonisierung beitragen – man denke etwa an zunächst indizierte Filmklassiker wie *A Clockwork Orange*. Umgekehrt kann ein allzu rigider Kanon aber auch als negatives Auswahlkriterium fungieren, etwa wenn man die (infolge ihrer Kanonisierung) ›klassische‹ Musik oder Literatur mit Urteilen wie ›altmodisch‹ oder ›langweilig‹ assoziiert.

Derartige Interferenzen zeigen, dass die Doppelfunktion von Kanon und Zensur nicht allein Wertmaßstäben oder politischen Ideologien folgt und auch nicht allein den Selektionszwängen der modernen Datenflut, sondern dass vielmehr die Akte des kulturellen Erinnerns und Vergessens immer aus Abgrenzung vom jeweils anderen motiviert werden. In der gleichen Weise ist es auch kulturwissenschaftlichen Gedächtnistheorien möglich, ihr Augenmerk eher auf den Prozess der Kanonisierung und also den manifesten Überlieferungsstand einer Kultur zu richten oder im Gegensatz dazu nach dem Zensierten und Vergessenen und daher konsequenterweise in den Riten und Diskursen einer Gemeinschaft nicht auffindbaren Aspekten der Vergangenheit zu fragen.

Der größte Teil der Theorien zum kollektiven und kulturellen Gedächtnis, allen voran die Arbeiten von Jan und Aleida Assmann, entscheidet sich für die erste Option und beschreibt das kulturelle Gedächtnis als gelingenden Akt der Identitätsstiftung einer Gruppe. Die Frage ist aber, wie die Kulturwissenschaften sich der Herausforderung stellen, die von dem seit Augustinus bekannten Paradox ausgeht, sich nicht nur des Vergessens selbst, sondern nach Möglichkeit sogar des Vergessenen zu erinnern.

Derjenige Theoretiker, der dieses Paradox für die Kulturgeschichtsschreibung erkannt und beschrieben hat, ist der Philosoph und Literaturkritiker Walter Benjamin. Für Benjamin war bereits die Gegenwart der 1920er und 1930er Jahre keine mehr, die man mit dem Modell einer Traditionsgemeinschaft zutreffend hätte beschreiben können. Der Erste Weltkrieg, aber auch schon die vielfältigen Erscheinungsformen der industriellen und technischen Moderne im 19. Jahrhundert bedrohten Benjamin zufolge das Gedächtnis der Kultur der westlichen Gesellschaften nicht nur wegen des bloßen Anwachsens gespeicherter Daten.

Vielmehr ging mit den Produktions- und Erscheinungsformen dieser Gesellschaft etwas einher, das Benjamin als genuin gedächtnisfeindlich erschien. Diese Gedächtnisfeindlichkeit versuchte er, im Begriff einer »Erfahrungsarmut« zu fassen, die die Ausbildung und Wahrnehmung von Kontinuitäten zwischen Gegenwart und Vergangenheit behindere:

»Nein, soviel ist klar: die Erfahrung ist im Kurse gefallen und das in einer Generation, die 1914–1918 eine der ungeheuersten Erfahrungen der Weltgeschichte gemacht hat. Vielleicht ist das nicht so merkwürdig, wie das scheint. Konnte man damals nicht die Feststellung machen: die Leute kamen verstummt aus dem Felde? Nicht reicher, ärmer an mitteilbarer Erfahrung. [...] Eine Generation, die noch mit der Pferdebahn zur Schule gefahren war, stand unter freiem Himmel in einer Landschaft, in der nichts unverändert geblieben war als die Wolken, und in der Mitte, in einem Kraftfeld zerstörender Ströme und Explosionen, der winzige gebrechliche Menschenkörper.« (Benjamin 1933/1977, S. 214)

Das Leben in der Moderne, deren Schockeffekte Benjamin zufolge von den einschlagenden Geschossen im Schützengraben bis zu den harten Montagen der Filmbilder im Kino reichen, erlaube es nicht mehr, Zusammenhänge zwischen einzelnen Wahrnehmungen herzustellen. Solche Zusammenhänge seien aber die Voraussetzung dafür gewesen, dass man Erfahrungen in nachvollziehbarer Weise habe tradieren können. An die Stelle solcher Tradierungsformen, die Benjamin zufolge vor allem im Modus des Erzählens und Weitererzählens stattfinden und in denen die erzählte Vergangenheit in Kontinuität zur Gegenwart des Erzählens steht, tritt in der Moderne die radikale Isolation einzelner Erlebnisse, aus denen sich keine Geschichte und keine Lehre, die man weitergeben könnte, gewinnen lässt.

Inwiefern ist diese Diagnose Benjamins nun für den Entwurf einer kulturwissenschaftlichen Gedächtnistheorie von Interesse?

Eine solche Theorie müsste der Diskontinuität zwischen Vergangenheit und Gegenwart Rechnung tragen. In seiner letzten Schrift, den fragmentarischen Thesen *Über den Begriff der Geschichte*, verbindet Benjamin die Beobachtung der Diskontinuität mit einer Analyse der Dialektik von Kanon und Zensur im Überlieferungsprozess (Konersmann 1991). Im Unterschied zur üblichen Gegenüberstellung dieser beiden Praktiken begreift Benjamin sie als Einheit, insofern er die Kanonisierung eines Überlieferungsgegenstands aufgrund der begrenzten Kapazität des kulturellen Gedächtnisses als Zensur eines anderen beschreibt: »Es ist niemals ein Dokument der Kultur, ohne zugleich eines der Barbarei zu sein.« (Benjamin 1940/1974, S. 696) Die schiere Tatsache, dass ein Kulturgut sich im Überlieferungsprozess behaupten konnte, verweist diesem Gedanken zufolge auf die vielen anderen, an deren Stelle es überliefert wurde. Entsprechend ist auch die Geschichte insgesamt stets Siegergeschichte, weil nur diejenigen, die übrig bleiben, entscheiden, was überliefert wird und was nicht. Das kulturelle Gedächtnis, wie es in Bauwerken, Museen, und Bibliotheken auf uns kommt, ist aus diesem Grund weniger hinsichtlich dessen, was es bewahrt, von Interesse, denn als Zeugnis eines Bewahrtwordenseins, durch das es zum Mahnmal für das Nicht-Erinnerte wird.

Vor diesem Hintergrund wendet sich Benjamins Geschichtsphilosophie gegen die bereits von Nietzsche kritisierten Gebote des Historismus und der Geistesgeschichte, sich in die Vergangenheit einzufühlen, sie zu vergegenwärtigen und letztlich zu verstehen: Die vermeintliche Objektivität des Historismus stellt eine Vereinnahmung der Vergangenheit dar und übersieht, dass hinter dem Bild dessen, was uns wie vergangene Realität erscheint, die Selektion und Konstruktion der Sieger der Geschichte steht. Die Aufgabe an die Erinnerung, die sich vor diesem Hintergrund stellt und die in der Hauptsache für die kryptischen und paradoxen Formulierungen Benjamins auf diesem Gebiet verantwortlich ist, besteht darin, sich diesem Nicht-Erinnerten anzunähern. Das »Gedächtnis der Namenlosen« (Benjamin 1940/1974, S. 1241) zu adressieren bedeutet, sich nicht mit dem Nachvollzug der Quellen und Materialien, die tradiert wurden, zu begnügen, sondern demjenigen Raum zu geben, was diesem Traditionsprozess zum Opfer gefallen ist. Insofern diese Opfer aber als Opfer der Geschichte ohne Stimme geblieben sind und ihre Version des Vergangenen daher nicht artikulieren und hinterlassen konnten, weist der Auftrag, »Geschichte gegen den Strich zu bürsten« (Benjamin 1940/1974, S. 697), auf eine Aporie hin: Wenn alle Überlieferung Benjamin zufolge Barbarei ist, weil sie das nicht Überlieferte gewaltsam verdrängt, dann kann das Nicht-Überlieferte nicht einfach zum Gegenstand der Überlieferung oder rekonstruiert werden, will es nicht selbst wieder einer Verdrängung von anderem schuldig werden. Aus diesem Grund bedeutet, mit der Geschichte der Sieger zu brechen, vor allem, mit dem kontinuierlichen Erzählschema über die Vergangenheit zu brechen: »Das Kontinuum der Geschichte ist das der Unterdrücker. Während die Vorstellung des Kontinuums alles dem Erdboden gleichmacht, ist die Vorstellung des Diskontinuums die Grundlage echter Tradition.« (Ebd., S. 1236)

Das heißt aber, dass die Diagnose eines Verlusts kontinuierlicher Erfahrungen durch die diskontinuierlichen Erlebnisse der Gegenwart in Benjamins Theorie nicht etwa in das Plädoyer für eine Rekonstruktion des Verlorenen mündet. Ganz im Gegenteil besteht Benjamins Vorschlag darin, der Diskontinuität der modernen Lebenswelt durch eine entsprechend diskontinuierliche Gedächtnispraxis zu begegnen, und das heißt, die einzelnen Elemente der Geschichte tatsächlich zu ›vereinzeln‹ und ihrer ›offiziellen‹ Kontexte zu entledigen. Denn diese Kontexte sind stets die offiziellen Geschichtsversionen der Sieger der Geschichte. Ihnen gegenüber sind die Opfer der Geschichte verstummt und mit ihnen die alternative Version der Geschichte aus ihrer Perspektive. Ein Bruch mit den Zusammenhängen, die die kanonisierte Geschichte behauptet, eröffnet nun zumindest den Möglichkeitsraum für die Artikulation dieser verstummten Stimmen. Sie können aber, wollen sie nicht zu einer neuerlichen Kontinuitätsstiftung verzerrt werden, nicht in Gestalt einer Geschichtserzählung zur Artikulation kommen. So wenig den Opfern der Geschichte die Bildung einer kontinuierlichen ›Geschichte der Besiegten‹ gerecht wird, so wenig kann jegliche Darstellung den schweigenden Opfern genügen. In letzter Konsequenz wäre die Geschichte der Vergessenen und Verstummten nur im Modus des Schweigens zu erzählen – eine »[g]rundlegende Aporie« (Benjamin 1940/1974, S. 1236), die Benjamins Geschichtsphilosophie bewusst ansteuert und in der Schwebe zu halten bemüht ist.

Wie relevant die Reflexion dieser Aporie ist, hat sich in jener Debatte um das kulturelle Gedächtnis gezeigt, die der Frage nach dem Gedenken an die Opfer der NS-Diktatur in Deutschland gewidmet ist. Zweifellos war diese Debatte eine für das kulturelle Gedächtnis zumal der wiedervereinigten Bundesrepublik zentrale, insofern das Gedenken an die begangenen Verbrechen hier aufrechterhalten werden musste, ohne das Geschehene in Gestalt von Sprachformeln einer Vergangenheitsbewältigung zu relativieren oder die Opfer ein weiteres Mal, diesmal in Gestalt einer ›gültigen‹ Erinnerungsversion, zu vereinnahmen und zum Schweigen zu bringen.

Dieses Problem hat die Diskussionen über das kulturelle Gedächtnis der Bundesrepublik von Beginn an begleitet. Insbesondere der nach dem Zweiten Weltkrieg aus dem US-amerikanischen Exil zurückgekehrte Soziologe und Freund Walter Benjamins Theodor W. Adorno hatte in seiner *Negativen Dia-*

lektik (1966) darauf hingewiesen, dass Auschwitz weder vergessen noch als bewältigbares Ereignis oder historisches Beispiel unter anderen relativiert werden dürfe. In den 1980er Jahren wurden, ausgelöst durch die viel beachtete Rede des damaligen Bundespräsidenten Richard von Weizsäcker zum 40. Jahrestag des Kriegsendes am 8. Mai 1945 sowie den sogenannten Historikerstreit zwischen Ernst Nolte und Jürgen Habermas über die Vergleichbarkeit der nationalsozialistischen und stalinistischen Diktaturen im Jahr darauf, die Frage nach der Einzigartigkeit der deutschen Schuld weiter diskutiert. Ende der 1990er Jahre sorgte die Rede, die der Schriftsteller Martin Walser anlässlich der Entgegennahme des Friedenspreises des Deutschen Buchhandels am 11. Oktober 1998 hielt, für eine neuerliche Kontroverse, weil Walser die »Dauerpräsentation unserer Schande« als inflationär bezeichnet hatte, wogegen der Vorsitzende des Zentralrats der Juden in Deutschland, Ignatz Bubis, die Verpflichtung Deutschlands, die Erinnerung an den Holocaust aufrecht und im öffentlichen Bewusstsein zu halten, einklagte (Schirrmacher 2002).

Neben diesen Debatten kam aber zunehmend der Sachverhalt zum Tragen, dass die Zeitzeugen des nationalsozialistischen Genozids an den Juden Europas immer weniger wurden und die Erinnerung folglich vom kommunikativen in das kulturelle Gedächtnis übertragen werden musste – in Form von Filmen wie Claude Lanzmanns *Shoah* (FR 1985), in den Gedenkstätten, die an den Schauplätzen der ehemaligen Konzentrationslager eingerichtet wurden, aber auch in Gestalt der Zentralen Gedenkstätte für die ermordeten Juden Europas, die 2005 zwischen Brandenburger Tor und Potsdamer Platz in der neuen Bundeshauptstadt Berlin eröffnet wurde (A. Assmann 2007). Das Grundproblem der kollektiven Erinnerungskultur der Bundesrepublik Deutschland bleibt aber bestehen: Zum einen gründet die Identitätskonstruktion des kulturellen Gedächtnisses in der Nachfolge der Generation der Täter auf einem Bekenntnis zur Verantwortung für die begangenen Verbrechen – und weicht damit grundlegend von den heroischen Versionen eines nationalen Gedächtnisses, wie es etwa in Frankreich oder Russland vorherrscht, ab. Zum anderen zielt dieses kulturelle Gedächtnis nicht nur auf die – abschreckende – Erinnerung an die Täter, sondern ist zugleich auch dem Gedenken an die Opfer verpflichtet. Dies scheint im Sinne der erwähnten Verantwortung auch unbedingt geboten, geht aber mit der durchaus problematischen Tatsache einher, dass auf diese Weise die Erinnerung an die Opfer der Nationalsozialisten von den Nachfolgegenerationen derselben Nationalsozialisten artikuliert wird – eine bedenkliche Stellvertreterrolle, wenn nicht gar eine neuerliche Entmündigung.

Nicht zuletzt aus diesem Grund gilt als international zentrales Holocaust-Mahnmal die 1953 in Jerusalem gegründete Gedenkstätte der Märtyrer und Helden des Staates Israel im Holocaust. Hier, aber auch in Projekten wie der von Steven Spielberg unterstützten Survivors of the Shoah Visual History Foundation, wird insbesondere auf das Zeugnis von Überlebenden gesetzt, das zum einen vor deren Ableben – etwa in Gestalt von Video-Interviews – für die Nachwelt zu bewahren sei, das aber andererseits die Geschichte des Holocaust auch auf authentische und individuell verbürgte Weise zu rekonstruieren erlaube. Ein solches Verfahren nennt man in der Geschichtswissenschaft *oral history*, d. h. eine auf mündlichen Zeitzeugenberichten beruhende Rekonstruktion der Vergangenheit (Niethammer 1980). Auf die gleiche Weise, wie die Institutionen des kulturellen Gedächtnisses geschaffen werden, um den Mangel der Reichweite des kommunikativen Gedächtnisses zu kompensieren, wird hier also das aus Lebensgeschichten bestehende kommunikative Gedächtnis aufgerufen, um den Mangel an individueller Angemessenheit der Medien des kulturellen Gedächtnisses auszugleichen.

Auf diese Weise zeigt sich im Fall der Erinnerung an den Holocaust, was es bedeutet, im Zeitalter der sogenannten Postmoderne geschichtliche Zusammenhänge zu rekonstruieren: Die Diagnose der Postmoderne wurde dem letzten Drittel des 20. Jahrhunderts durch den französischen Philosophen Jean-François Lyotard gestellt, der beobachtete, dass seine Gegenwart über keine ›großen Erzählungen‹ mehr verfüge, d. h. keine generalisierbaren Deutungsrahmen für historische Entwicklungen – etwa die Erzählung von einem anhaltenden Fortschritt – mehr zur Verfügung habe. Diese Unmöglichkeit einer übergreifenden und generalisierenden Darstellung oder gar Deutung der Geschichte ist angesichts des Holocaust besonders gut sichtbar.

Aus diesem Grund hat zuletzt der italienische Philosoph und Literaturwissenschaftler Giorgio Agamben (1998/2003) gegenüber einer bloß auf die Archive gestützten Rekonstruktion der statistischen Fakten des Holocaust die Figur des ›Zeugen‹ ins Feld geführt. Allerdings verfehlt dieses Plädoyer möglicherweise genau diejenige Aporie, auf die Benjamin hingewiesen hat und die angesichts der Opfer des Holocaust äußerst aktuell erscheint: Zum einen, insofern Auschwitz eine historische Zäsur ist, die nicht ohne Weiteres in eine einheitliche Geschichtserzählung integriert oder im Sinne eines Schlussstrichs oder eines Erklärungsangebots gebannt werden kann – womit der wichtigen und unerlässlichen Aufgabe der Erinnerung an die Opfer des Nationalsozialismus die gängigen Rahmen des kulturellen Gedächtnisses nicht zur Verfügung stehen. Zum anderen, insofern Jean-François Lyotard auch darauf hingewiesen hat, die Opfer von Auschwitz seien Opfer auch und gerade in dem Sinne, dass sie ihre Geschichte nicht mehr tradieren konnten. Der Erinnerung an Auschwitz ist eine Grenze gezogen, die genau darin besteht, dass Auschwitz die Zeugen seiner Geschichte vernichtet hat: »Da es den Zeugen nur als Opfer gibt, das Opfer nur als Toten, so kann keine Räumlichkeit der Gaskammer identifiziert werden.« (Lyotard 1983/1989, S. 20)

Aus dieser historisch konkreten Anwendung von Benjamins Einsicht in die Namenlosigkeit der Erinnerung an die Opfer der Geschichte schließt Lyotard, dass es konsequenterweise auch keine angemessene Form der rechtlichen Aufarbeitung oder gesellschaftlichen Bewältigung des Geschehenen geben könne. Will man diesem Gedächtnis gerecht werden, so kann das deshalb nicht in der Weise geschehen, dass man sich an Berichte von Überlebenden hält und das fehlende Zeugnis der Toten auf dieser Grundlage rekonstruiert. Auschwitz eignet eine »Inkommensurabilität mit sich selbst« (Tholen/Weber 1997, S. 13): Es stellte einen radikalen Bruch mit den Kontinuitätsbestrebungen des kulturellen Gedächtnisses dar, der aber zugleich nicht als eine solche Zäsur identifiziert und definiert werden darf.

Allerdings kann daraus im Gegenzug auch nicht folgen, das Gedenken an die Opfer aufzugeben. Die Erinnerung an Ereignisse, deren Ziel die Vernichtung von Zeugenschaft war, muss der Aporie dieser Zeugenlosigkeit Rechnung tragen, ohne damit dem Vergessen das Wort zu reden (Bannasch/Hammer 2004). Vielmehr ergibt sich für das kulturelle Gedächtnis der Gegenwart der historische Auftrag, das Vergessene als Vergessenes zu erinnern und dabei der Uneinlösbarkeit und Unabschließbarkeit dieses Unterfangens Rechnung zu tragen (Tholen/Weber 1997).

Die Einsicht in das Problem der Undarstellbarkeit des Geschehenen darf dabei allerdings nicht selbst in eine stereotype Formel umschlagen, sondern muss ganz im Gegenteil zu einer Reflexion des Verhältnisses zwischen Möglichkeit und Grenzen der Darstellung führen. So hat der amerikanische Holocaust-Forscher James E. Young eine ausführliche Analyse der verschiedenen Darstellungsweisen und Textsorten, die von der Vernichtung der europäischen Juden Zeugnis ablegen, vorgelegt und dabei auf den engen Zusammenhang zwischen Erzählen und Verstehen von Geschichte hingewiesen (Young 1988/1992).

Dennoch fällt Agambens Vorschlag, der archivierten »Wahrheit« über die Lager seien die authentischen Zeugenberichte von ihrer erfahrenen »Wirklichkeit« zur Seite zu stellen, theoretisch hinter Lytoards Überlegungen zurück: Wenn Agamben diesen authentischen Zeugen in der von Primo Levi überlieferten Figur des ›Muselmanns‹ findet, des an der Schwelle zum menschlichen Leben vegetierenden Lagerinsassen also, so generalisiert er nicht nur die vielen Einzelschicksale durch eine nahezu allegorische Figur. Gerade durch die namentliche Bezeichnung des äußersten Opfers als ›Muselmann‹ verfehlt Agambens Entwurf dasjenige, was mit Walter Benjamin das »Gedächtnis der Namenlosen« heißt: Erinnerung an all die, die untergegangen sind, zu sein, ohne dass dabei eine individuelle Erinnerung, eine archivarische Dokumentation oder eine theoretische Figur ihrer jemals noch habhaft wird. Eine Erinnerung also, die nicht dadurch im Gedächtnis bewahrt, dass etwas als Vergangenes erkannt wird, sondern umgekehrt dadurch, dass dasjenige, das in Erinnerung ist, getilgt wird, um mittels der damit entstandenen Leerstelle darauf hinzuweisen, dass an seiner Stelle etwas anderem zu gedenken wäre.

5. Ästhetik: Erinnerungskulturen in Musik, Kunst und Literatur

Das kulturelle Gedächtnis hat sich im Voranstehenden als ein zentrales Modell für das Verständnis vergangener und gegenwärtiger Identitätskonstruktionen von Gruppen, Kollektiven, Gesellschaften oder Nationen erwiesen. Es ist nach alledem kaum zu viel gesagt, wenn man den Begriff der Kultur mithilfe des Begriffs des Gedächtnisses definiert oder umgekehrt das Konzept des kollektiven Gedächtnisses mit demjenigen der Kultur erläutert. Auch die aporetische Version dieser Gleichsetzung bei Benjamin oder Lyotard, die die Vorstellung, das kulturelle Gedächtnis sei ein Kontinuitätsgarant für kollektive Vergangenheitsversionen, relativiert, bewahrt die Grundüberzeugung, dass Kulturen ihr Selbstverständnis über die Entscheidung zu erinnern oder zu vergessen organisieren.

Abschließend soll nun aber noch derjenige Bereich ins Blickfeld gerückt werden, der alltagssprachlich zunächst mit dem Kulturbegriff assoziiert wird – allerdings durchaus unter Berücksichtigung der besprochenen historischen Kontexte und Aporien. Es handelt sich um den Bereich der Kunst, der nicht selten mit dem Begriff der Kultur deckungsgleich verwendet wird, im Zusammenhang der Theorie des kulturellen Gedächtnisses aber allenfalls eine unter vielen verschiedenen Artikulationsformen des Vergangenheitsbezugs eines Kollektivs darstellt – unter den hier vorgestellten Ansätzen zielt lediglich Aby Warburgs Modell eines abendländischen Bildgedächtnisses auf den Bereich der Ästhetik. Dennoch ist die Bedeutung musikalischer, bildkünstlerischer und literarischer Hervorbringungen, um uns auf diese klassische Trias zu beschränken, für die Erinnerungskultur auf mehreren Ebenen von Bedeutung: Insofern Kunstwerke eine kulturelle Artikulationsform sind, sind sie von Medien geformt, Gegenstand der Tradierung und ein Mittel, die Vergangenheit abzubilden.

Diese drei Gedächtnisbezüge gelten für alle drei Kunstformen, wenngleich in unterschiedlicher Gewichtung: Erstens sind Kunstwerke durch Gedächtnisstrukturen geformt. Hinsichtlich der Musik ist insbesondere auf die gedächtnisstützende Funktion von Rhythmen und Motivwiederholungen hinzuweisen, die anhand der homerischen Epen als Strukturelemente oraler Überlieferung dargestellt wurden und die die Musik als aufführungsgebundene Kunst grundsätzlich prägen. Als temporale Verlaufskunst gewinnt ein Musikstück nur durch die Erinnerung des Interpreten bzw. Zuhörers Struktur. In der bildenden Kunst finden sich derartige Erinnerungsstrukturen in Gestalt der von Aby Warburgs Pathosformeln angeregten und von Erwin Panofsky systematisierten ikonografischen und ikonologischen Lehre eines motivischen Gedächtnisses: Bilder können demzufolge nur verstanden werden, weil die abgebildete Gestik und Mimik einerseits, bestimmte Konstellationen von Symbolen und Figuren andererseits, in der Kunstgeschichte stabil und für den Betrachter daher wiedererkennbar sind. Das Gleiche gilt für die europäische Literatur, die noch weit über das 18. Jahrhundert hinaus von den Topoi der antiken Rhetorik und Dichtung geprägt ist und daher im Fall standardisierter und schematisierter Darstellungen in ähnlicher Weise an die Erinnerung bzw. die zugehörigen Assoziationen der Leser appelliert. Das Modell intertextueller Erinnerungsbeziehungen weitet dieses Konzept über ein festgelegtes Regelwerk und Bildinventar aus und analysiert die von

Autor und Leser möglicherweise unbemerkten Bezüge zwischen Texten auf der Ebene von Motiven, Namen, Wortspielen etc.

Die zweite Dimension, in der Kunstwerke am kulturellen Gedächtnis partizipieren, betrifft Kunst als Gegenstand der Überlieferung und das heißt in der Folge: als Gegenstand von Kanonisierung und Zensur. Konzert- und Theateraufführungen, Kunstsammlungen, Museen und Bibliotheken auf der einen Seite, Tonaufnahmen, Reproduktionen, Werkausgaben auf der anderen sowie schließlich Jahrestage, Gedenkjahre und Preise, über die das kulturelle Gedächtnis der Künste heute vornehmlich organisiert wird, sind zumeist Erfindungen des 19. Jahrhunderts, in dem das historische Bewusstsein von einem noch als Teil der lebendigen Gegenwartskunst verstandenen Antikebezug in Renaissance und Klassik in eine Haltung des Archivierens und Bewahrens umschlug. Aber auch die ebenfalls im Laufe des 19. Jahrhunderts entstehenden akademischen Disziplinen der Philologie, der Kunstgeschichte sowie der Musikwissenschaft sowie schließlich der auf die Massenmedien gründende Rezensionsbetrieb tragen zur Institutionalisierung einer kollektiven Erinnerung an und durch Kunstwerke bei. Insbesondere die Geschichte der Kunstsammlungen, die im Laufe des 19. Jahrhunderts aus dem Bereich der adligen Mäzenatenkultur in die Begründung einer öffentlichen Musealisierung mündet, illustriert diesen Prozess anschaulich: Ist das Sammeln schon an sich ein Akt der Bewahrung der Vergangenheit in Gestalt ihrer materiellen Überreste, denen als solche immer die Aura des Authentischen anhaftet (Pomian 1998), so verbindet sich dieser Effekt im Fall der Gründung von Nationalmuseen mit der zeitgleichen politischen Konstruktion kultureller Herkunftserzählungen. Zugleich ist, wie der Kunsttheoretiker Boris Groys argumentiert, aber nicht zu vergessen, dass erst aus der musealen Sammlung aller vergangenen Kunst der Impuls moderner Kunst, etwas ›Neues‹, d. h. von den

Relikten des kulturellen Gedächtnisses Verschiedenes, zu schaffen, entstanden ist (Groys 1992).

Dass die Praxis des Sammelns sowie die nationale Museen- und Denkmalkultur Kinder des Zeitalters des Historismus sind, leitet über zur dritten Funktion, die Kunstwerke für das kollektive Gedächtnis übernehmen können: die Darstellung von Vergangenheit. Im Fall der Musik, die als nicht-semiotische Kunstform keinen semantischen oder narrativen Vergangenheitsbezug artikulieren kann, betrifft dies insbesondere die Rolle, die Musik in rituellen und festlichen Zusammenhängen zukommt, innerhalb deren ihre Erinnerungsfunktion zumeist durch explizite Titel bzw. Texte – von Totenmessen über Schumanns Albumblatt *Erinnerung* bis zum *Memory*-Song im Musical *Cats* (Bielefeldt 2001) – unterstrichen oder aber durch die schlichte Wiederholung zu immergleichen Anlässen (etwa im Fall des Schlusschors von Beethovens neunter Symphonie) etabliert und kanalisiert wird.

Die bildende Kunst trägt insbesondere in Gestalt mythologischer oder religiöser Themen zur Tradierung der entsprechenden Inhalte bei. Hinzu kommt, dass die Porträtmalerei über Jahrhunderte die einzige Möglichkeit darstellt, dem kollektiven Gedächtnis die Erinnerung an die Physiognomie berühmter Menschen oder von Familienvorfahren zu bewahren. Diese repräsentative Funktion der bildenden Kunst wird im 19. Jahrhundert um die bildkünstlerische Darstellung historischer Ereignisse erweitert, die z. B. in Preußen zum zentralen Medium des historischen Selbstverständnisses des Staates und des Symbols seiner monarchischen Einheit wird. Allerdings ist zur gleichen Zeit der kunsthistorische Einschnitt der Erfindung der Fotografie besonders nachhaltig, insofern nun an die Stelle symbolischer oder allegorischer Abbildungen das Versprechen des Bilds der Realität, wie sie wirklich gewesen ist, tritt (Barthes 1980/1985). Denkt man an die Art und Weise, in der die Fotografie ein Bildarchiv des 20. Jahrhunderts geschaffen hat, durch das sich die Darstellung und Vorstellung der Geschichte grundlegend verändert haben, so wird deutlich, dass die Bedeutung von Bildern für das kulturelle Gedächtnis die engere Sphäre der Kunst weit übersteigt. Dennoch wird gerade diese Sphäre der Dokumentation von Vergangenheit jenseits der Kunst – z.B. in Gestalt von Archiven – Gegenstand von Installationen und Simulationen in der Gegenwartskunst, etwa bei Ilya Kabakov oder Anselm Kiefer (Schaffner/ Winzen 1997). Die Rede von der ›Simulation‹ darf dabei aber natürlich nicht vergessen machen, dass derartige ästhetische Projekte, aber auch schon Fortführungen der Tradition der Historienmalerei z.B. in Gestalt von Pablo Picassos Gemälde über die Bombardierung der Stadt Guernica im spanischen Bürgerkrieg, auf eine Offenlegung der Widersprüche und Abgründe der Geschichte zielen und nicht mehr auf ihre affirmative Repräsentation (Holm 2005).

Schließlich leisten auch literarische Texte einen zentralen Beitrag zur Funktion und zum Verständnis des kulturellen Gedächtnisses bzw. zur Darstellung derartiger Bezugnahmen auf die Vergangenheit. Dass es erst die Erzählung von Geschichten ist, die Geschichte als einen kollektiven Erinnerungsraum konstruiert, ist dabei eine seit der Antike eng an die Schriftform solcher Vergangenheitserzählungen gebundene Einsicht. Daneben existiert seit der Spätantike die Gattung der autobiografischen Lebenserzählung des Autors, die in der Nachfolge von Augustinus' *Confessiones* über Rousseaus *Confessions* und die pietistische Tradition im 18. Jahrhundert als Lebensbeichte gestaltet wird und individuelle Erinnerungen aufzeichnet.

Diese Traditionslinie der bekenntnishaften Lebenserinnerungen markiert historisch zugleich den Zeitpunkt, zu dem sich das moderne System der Kunst ausbildet, so dass in der Folge von

›literarischen‹ Texten in unserem heutigen Sinne die Rede sein kann. Erst der neue Stellenwert, den das Literatursystem in der zweiten Hälfte des 18. Jahrhunderts der Fiktionalität des Erzählten einerseits, der Autonomie des Kunstwerks von historischen oder gesellschaftlichen Vorgaben andererseits zuspricht, ermöglicht eine literarische Poetik der Erinnerung, die sich gegenüber Historiografie und Autobiografie eigenständig positioniert. Der Tendenz zur Autonomisierung entspricht die äußerste Subjektivierung der Wahrnehmung und Darstellung von Erinnerungen, etwa in der Lyrik Hölderlins oder Wordsworths. Das Eigenrecht der Fiktion betont das neue Genre des historischen Romans, der insbesondere – etwa in Leo Tolstois *Krieg und Frieden* oder Felix Dahns *Kampf um Rom* – auf die Sinnstiftung historischer Ereignisse in Bezug auf das Verständnis gegenwärtiger nationalpolitischer Konflikte zielt.

Die Literaturwissenschaftlerin Astrid Erll unterscheidet diese beiden Ausrichtungen als ›erfahrungshaftige‹ Darstellung von Erinnerung einerseits, als monumentalen, historisierenden, antagonistischen oder reflexiven Modus der historischen Erinnerung in literarischen Werken andererseits (Erll 2005, S. 168): Während die erfahrungshaftige Erinnerung in autobiografischen Texten als literarische Umsetzung des kommunikativen Gedächtnisses gelesen werden kann, betrifft der monumentalische Modus komplementär dazu das kulturelle Gedächtnis, z. B. in Gestalt der Erzählung eines nationalen Mythos. Im historisierenden Modus wird eine solche Geschichte als abgeschlossene Vergangenheit distanziert beschrieben, im antagonistischen konfrontiert das literarische Werk verschiedene Versionen der Erinnerung. Im reflexiven schließlich thematisiert ein literarischer Text seinen eigenen Erinnerungsbezug und kann auf diese Weise, etwa im Fall von Prousts *A la recherche du temps perdu*, als Beitrag zur theoretischen Gedächtnisdebatte gelesen werden.

Auf diese Weise liegt ein begrifflich differenziertes Angebot vor, anhand dessen analysiert werden kann, auf welche Weise auch und gerade fiktionale Texte an der Auseinandersetzung über Inhalt und Deutung des kulturellen Gedächtnisses beteiligt sind (Erll 2003). Gerade weil dies so ist und literarische Texte in der Darstellung von Vergangenheit stets eine unter mehreren möglichen Erzählperspektiven, Einschätzungen des historischen Personals und kausalen Handlungsverknüpfungen auswählen, lässt sich der bei Erll zuletzt genannte Modus der Reflexion generalisieren: Insofern literarische Texte selbstreferenziell sind, d. h. neben dem erzählten Inhalt stets auch die Form, in der eine Erzählung präsentiert wird, reflektieren, ist jede literarische Erinnerung zugleich auch eine Reflexion auf die Darstellbarkeit von Erinnerungen. Aus dieser Perspektive wäre die Literatur im Ensemble der Gedächtniskünste diejenige, die anhand eines autobiografischen oder historischen Falls sowohl Formen der Erinnerung darstellt als auch in ihrer Funktion oder möglicherweise Dysfunktion reflektiert.

Aus diesem Grund lässt sich Literatur nicht in der Weise als Nationalliteratur festlegen und funktionalisieren, wie dies am Ende des 19. und am Beginn des 20. Jahrhunderts beispielsweise mit dem *Nibelungenlied* oder den ›Klassikern‹ Goethe und Schiller geschieht. Gerade hinsichtlich der Autobiografik auf der einen Seite und dem historischen Roman auf der anderen Seite ist die Erinnerungsliteratur des 20. Jahrhunderts zum Protokoll der Brüche und Unverfügbarkeiten des Vergangenen geworden: Ausgehend von Marcel Prousts zum Roman ausgestalteter *Suche nach der verlorenen Zeit*, deren sieben Bände in erster Linie die Unabschließbarkeit des Erinnerungsprozesses dokumentieren, über die theoretischen Infragestellungen des Authentizitätsanspruchs von Autobiografien durch den Hinweis auf allgemeine Topoi und historische Maskierungen (de Man 1979/1993) bis hin zu programmatischen Verkehrungen als »Antiautobiographie« in Thomas Bernhards Roman *Auslöschung* von 1986 zeigt sich, wie wenig Literatur auf die Darstellung von Erinnerungen reduziert werden kann (Schabacher 2007). Dieses Problem illustrierte zuletzt am anschaulichsten der Skandal um den 1997 auf Deutsch im Jüdischen Verlag bei Suhrkamp erschienenen Roman *Bruchstücke* von Binjamin Wilkomirski, der die KZ-Erlebnisse des Erzählers zunächst als autobiografische ausgegeben hatte, bis sie als Fiktion entlarvt wurden. Ist dieses Maß an fiktionaler Freiheit angesichts des historischen Ereignisses Auschwitz überhaupt zulässig? Oder ist Fiktion in diesem Zusammenhang, wie Mona Körte dies 1996 in einem Beitrag zur Shoah-Autobiografik pointiert bezeichnete, »Verrat am Erlebten« (Körte 1996, S. 201)? Über den Holocaust und seine Begleitumstände, so auch Ruth Klügers dezidierte Feststellung, lasse sich in der Form autobiografischer Erinnerungen nur schreiben, wenn man dabeigewesen sei (Klüger 1996).

Solche Fragen werfen auch ein Licht auf die nicht minder radikale Umwertung des Genres des historischen Romans im 20. Jahrhundert: Obgleich es, insbesondere in der Phase des Exils deutschsprachiger Schriftsteller zwischen 1933 und 1945, als Medium der Vergewisserung der Ursprünge der abendländischen Kultur – bei Thomas und Heinrich Mann, Alfred Döblin oder Lion Feuchtwanger – durchaus noch einmal eine Hochzeit erlebte, sind historische Darstellungen nach dem Zweiten Weltkrieg durch die Abkehr von narrativen Sinnstiftungen gekennzeichnet. An ihre Stelle tritt der Versuch, innerhalb literarischer Texte eine dokumentarische Rekonstruktion historischer Einzelereignisse zu versuchen – etwa bei Peter Weiss oder Alexander Kluge. Ähnliches gilt auch für Geschichtsdarstellungen und Oral-History-Formate in den visuellen Medien Film und Fernsehen (Erll 2008, Kansteiner 2003).

Diese Zurücknahme des rhetorischen Potenzials und der fiktionalen Freiheit der Literatur steht im Zusammenhang mit jener Absage an die Möglichkeit, die Geschichte der Opfer der Geschichte zu erzählen, auf die oben im Zusammenhang mit Benjamin und Lyotard bereits hingewiesen wurde. Die Herausforderung, vor die sich literarisches Erzählen und jede andere Form des erinnernden Bezugs auf die katastrophische Geschichte des 20. Jahrhunderts gestellt sehen, liegt mithin darin, diese Geschichte dem kulturellen Gedächtnis der Gegenwart verfügbar zu halten, ohne sie durch den Anspruch, wenn nicht gar die Annmaßung, sie erzählen und verstehen zu können, ein weiteres Mal zu vereinnahmen. Texte, die dieser Herausforderung gerecht zu werden versuchen, müssen anstelle expliziter Benennungen denjenigen impliziten Nachklang der Vergangenheit vernehmbar machen, den der Literaturwissenschaftler Anselm Haverkamp als einzig ›gerechte‹ Erinnerung an die stummen Opfer der Geschichte gekennzeichnet hat (Haverkamp 1993). Dieser Versuch lässt sich in autobiografischen Erinnerungen an den Holocaust (Günter 2002) und in Nachkriegsromanen wie Peter Weiss' *Die Ästhetik des Widerstands* oder Uwe Johnsons *Jahrestagen* nachweisen. Das spezifische epische Verfahren, das die Erzählbarkeit der Geschichte der Opfer hier ermöglicht, besteht darin, auf eine explizite Rekonstruktion der Vergangenheit sowie eine konsistente Figur des Zeugen zu verzichten und stattdessen Erinnerung anhand ihrer Leerstellen zu bewahren (Butzer 1998).

Diese Versuche, deren konsequente Umsetzung in der Vermeidung jeglicher Umsetzung bestünde, stellen die derzeit entscheidende Herausforderung an das kulturelle Gedächtnis wie die kulturwissenschaftliche Gedächtnistheorie dar. In ihnen treffen viele der hier versammelten Traditionslinien und Kritikpunkte zusammen, die im Laufe der vergangenen 150 Jahre an die kollektive Erinnerung geknüpft bzw. gegen sie vorgebracht wurden. Dass dieses Zusammentreffen nicht zu einem verallgemeinerbaren Modell des kulturellen Gedächtnisses gerinnt, sondern dieses an den Prozess der Erinnerung, die Bedürfnisse der jeweiligen Gegenwart sowie an die Unverfügbarkeit des Vergangenen verwiesen bleibt, zeigt, dass die im Voranstehenden aufgeworfenen Fragen nicht beantwortet, sondern immer wieder aufs Neue zu stellen sind.

Schluss: Die Erzählbarkeit des Vergangenen zwischen Dokumentation und Fiktion

Theorie und Praxis der Erinnerung von Kollektiven, Gemeinschaften und Kulturen haben gezeigt, dass die konkreten Formbildungen dieses Gedächtnisses als Krisenreaktionen zu verstehen sind: Auf der einen Seite entsteht ein offizielles und kulturelles Gedächtnis, um die Krise der Speicherkapazität und Reichweite individueller Erinnerung und kommunikativer Tradierung zu kompensieren. Auf der anderen Seite wird zumal in der gegenwärtigen Debatte an das individuelle Zeugnis von Überlebenden appelliert, wenn die offiziellen Gedächtnisformen zu allgemein oder zu sehr von politischen Interessen gesteuert erscheinen. Das private und kommunikative Gedächtnis der Überlebenden kompensiert dann die abstrahierende und referenzlose Allgemeinheit des kulturellen Gedächtnisses. Und das heißt: Die beiden Formen des kollektiven Gedächtnisses kompensieren stets die Krise des jeweils anderen.

Diese Kompensation hat man sich allerdings nicht als notwendig gelungene vorzustellen. Vielmehr haben die voranstehenden Ausführungen gezeigt, dass das kulturelle Gedächtnis keinesfalls auf raumzeitliche Kontinuität oder kulturelle Homogenität festgelegt werden kann – so leitend diese Aspekte für die Organisation kollektiver Erinnerungen sein mögen. Der Identität eines von der Kultur geprägten Gedächtnisses wie einer vom Gedächtnis geformten Kultur stehen stets die nicht berücksichtigten Varianten der Geschichte entgegen. Auf diese Weise ist das kulturelle Gedächtnis stets auch eine Form des kulturellen Vergessens. Unterhalb der expliziten und sichtbaren Form kultureller Einrichtungen bleibt nach den alternativen Versionen und unerfüllten Möglichkeiten ihrer Entwicklung zu fragen.

Ein Resümee kulturwissenschaftlicher Gedächtnistheorien ist vor diesem Hintergrund schwierig. An seiner Stelle steht hier deshalb die Analyse eines konkreten Beispiels für einen kulturell kontextualisierten Erinnerungsprozess, der die verschiedenen Modi der kulturellen Erinnerung – zwischen individuellem und kollektivem, kommunikativem und kulturellem, mündlichem und mediengestütztem sowie historiografischem und künstlerischem Gedächtnis – gemeinsam in den Blick zu nehmen erlaubt. Diese Analyse richtet sich nicht etwa auf eine der viel diskutierten Institutionalisierungsformen des kulturellen Gedächtnisses an der Wende zum 21. Jahrhundert. Vielmehr wird, im Anschluss an die abschließenden Ausführungen zum Stellenwert der Kunst für das Gedächtnis einer Kultur, auf einen literarischen Text zurückgegriffen. Das scheint auf der einen Seite wenig passend, da fiktionale Erzählungen keinen zwingenden Bezug zu realen gesellschaftspolitischen Auseinandersetzungen haben. Auf der anderen Seite zeigten sich die theoretischen Fragen nach der Funktionsweise der Rekonstruktion von Vergangenheit und nach dem Umgang mit der abnehmenden Zahl von Zeitzeugen und ihren eigenständigen Versionen der Geschichte auf das Erzählen individueller Fallgeschichten verwiesen. Diese Erzählform ist kein Eigentum der Literatur allein; wo aber Lebensgeschichten in der Weise verloren sind, wie dies bei der Erinnerung an die Geschichte des Holocaust festzustellen ist, ist fiktionales Erzählen möglicherweise der einzige Modus, innerhalb dessen das geforderte Korrektiv der offiziellen Version des kulturellen Gedächtnisses aufrechterhalten werden kann.

Die Frage, ob eine solche Literarisierung des Grauens möglich oder zulässig sei, begleitet die literaturwissenschaftliche Debatte seit Adornos Absage an alle Lyrik »nach Auschwitz«. James E. Young hat allerdings auf die Relevanz literarischer Darstellungsversuche des Holocaust hingewiesen: Den Bedenken gegenüber einer möglichen Ästhetisierung oder Sinngebung des Grauens stehe die an Hayden White geschulte Einsicht gegenüber, dass jede Rekonstruktion des Geschehenen auf rhetorischen Mustern und sprachlichen Tropen aufruhe (White 1973/1991): Geschichte ist Konstruktion und ihr Medium die Metapher. Die Unterscheidung zwischen (literarischer) Fiktion und (historischen) Fakten bezieht sich daher ausschließlich auf diejenige zwischen Text und Ereignis, nicht jedoch notwendig auf die zwischen verschiedenen Textsorten.

Das heißt auf der einen Seite, dass auch historische Dokumentationen Interpretationen sind und der Unterschied zwischen Akten, Tagebuchaufzeichnungen, autobiografischen Erzählungen und fiktionalen Texten ein lediglich gradueller ist. Auf der anderen Seite aber beobachtet Young die Tendenz der Holocaust-Literatur, »fiktionale Diskurse mit einer eigenen Autorität des Zeugnisses auszustatten« (Young 1988/1992, S. 91). Den damit einhergehenden Anspruch der Literatur, die Vergangenheit authentisch zu dokumentieren, kritisiert Young heftig. Aber selbst wenn die Sichtweise, der zufolge Literatur nicht nur ein Produkt des kulturellen Gedächtnisses, sondern ein Medium zu seiner Generierung wäre, zu weit ginge, so wird man den literarischen Auseinandersetzungen mit dem kulturellen Gedächtnis an der Wende zum 21. Jahrhundert zumindest eine pointierte Reflexion der damit zusammenhängenden Schwierigkeiten und Aporien zugestehen. Das gilt insbesondere für die Debatte um die Literatur der sogenannten ›Dritten Generation‹, d. h. Autoren, die über den Holocaust schreiben, ohne auf eigene Erlebnisse oder ein unmittelbares Familiengedächtnis zurückgreifen zu können (Blasberg/Birkmeyer, Hirsch 2012).

Das in diesem Zusammenhang am intensivsten diskutierte Werk der deutschsprachigen Gegenwartsliteratur ist dasjenige des 2001 verstorbenen Schriftstellers W. G. Sebald. Diese intensive Diskussion rührt daher, dass Sebalds Erzähltexte die kollektive und individuelle Gedächtniskrise ein halbes Jahrhundert nach Ende des Zweiten Weltkriegs ausdrücklich ins Zentrum rücken. Sie tun das einerseits, als literarische Texte, mit den Mitteln der Fiktion. Sie beziehen sich dabei aber andererseits und stets auf die Möglichkeiten einer solchen erzählerischen Rekonstruktion von Vergangenheit und leisten auf diese Weise einen durchaus instruktiven Beitrag zu den skizzierten Problemfeldern der kulturwissenschaftlichen Gedächtnistheorie, die nun anhand ihrer Inszenierung in Sebalds Werk noch einmal in ihren praktischen Zusammenhängen exemplarisch betrachtet und zusammengefasst werden sollen.

W. G. Sebald ist als literarischer Autor erst relativ spät in Erscheinung getreten. Geboren wurde er 1944 in Wertach im Allgäu, nach einem literaturwissenschaftlichen Studium in der Schweiz unterrichtete er von 1970 bis zu seinem Unfalltod 2001 deutsche Literatur an der University of East Anglia in Norwich. 1988 publizierte er das Langgedicht *Nach der Natur*, zwischen 1990 und 2001 folgten die Prosabände *Schwindel, Gefühle*, *Die Ausgewanderten*, *Ringe des Saturn* sowie der Roman *Austerlitz*. Wie der Titel des Bandes *Die Ausgewanderten* besonders deutlich vor Augen führt, war das Exil des Autors in England nicht nur Schreibsituation, sondern auch zentrales Thema seiner Prosatexte: Sie alle kreisen um das Schicksal von Personen, die während oder in Folge von Faschismus und Weltkrieg ihre Heimat verloren haben und nun versuchen, ihre verlorene Identität in der Erinnerung zu rekonstruieren. Allerdings war Sebalds eigenes Exil selbst gewählt und sein Schreiben über die Erinnerungskrisen des 20. Jahrhunderts möglicherweise weit weniger auf Erfahrungen gegründet, als es den Anschein haben wollte.

Auf diese Weise rückt Sebalds Werk in Gestalt von ›Ausgewanderten‹ einerseits diejenigen in den Blick, die von Identitätskonstruktionen des kulturellen Gedächtnisses möglicherweise unberücksichtigt bleiben. Andererseits aber ist diese Fokussierung nicht unbedingt durch authentische Erinnerungen des Autors gedeckt, so dass Sebalds Texte exemplarisch zwei für den Problemzusammenhang einer kulturwissenschaftlichen Gedächtnistheorie am Beginn des 21. Jahrhunderts zentrale Probleme aufwerfen: Erstens, wie können die Katastrophen des 20. Jahrhunderts Eingang in das kollektive Gedächtnis finden, wenn die Träger individueller Erfahrungen gestorben oder ohne Erinnerungen sind? Oder anders: Ist die Etablierung eines kulturellen Gedächtnisses ohne vorgängige Basis eines kommunikativen Gedächtnisses denkbar? Und zweitens, auf welche Weise ist es möglich und legitim, diese fehlende Basis mit den Mitteln der Fiktion zu kompensieren? Oder anders: Ist die erzählerische Einfühlung in Opferbiografien angemessen denkbar oder immer eine Anmaßung – zumal in dem Fall, in dem ein dem Tätervolk zugehöriger Autor versucht, sich in jüdische Opferbiografien einzufühlen? Die Literaturwissenschaftlerin Anne Fuchs hat diese Frage an den Anspruch der Literatur, das Gedächtnis nicht selbst erlebter Schicksale zu bewahren, wie folgt gestellt: »Wie kann die Alterität des Anderen zum Ausdruck gebracht werden, ohne dass dabei dessen (Nicht-)Ort in der Geschichte usurpiert wird? [...] Wie kann der tote Andere erinnert werden, ohne dabei in die Falle eines identifikatorischen Opferdiskurses zu laufen?« (Fuchs 2004, S. 28)

Für diese im Hinblick auf die kulturwissenschaftliche Gedächtnistheorie zentrale Frage bietet Sebalds Werk eine ganze

Reihe von Anhaltspunkten. Insbesondere Sebalds 1999 unter dem Titel *Luftkrieg und Literatur* publizierte Vorlesungen haben das Problem der Erzählbarkeit von Opfergeschichten explizit zum Gegenstand. Dabei spitzt Sebald dieses Problem zum einen zu, insofern nun ausdrücklich Deutsche als Opfer des Zweiten Weltkriegs in den Blick gerückt werden – eine Fokussierung, die ins Herz der aktuellen Debatte über die Legitimität der Übertragbarkeit des ›Opfer‹-Begriffs von den Verfolgten des NS-Regimes auf die Angehörigen des Tätervolks zielt (Niven 2006). Zum anderen reflektiert Sebald aber auch die Gründe für bestimmte Lücken im kollektiven Gedächtnis. Der Ausgangspunkt der Vorlesungen besteht in der Beobachtung, dass ein Ereignis von der Intensität des Bombardements deutscher Städte in den letzten beiden Kriegsjahren nicht nur eine große Zahl von Todesopfern gefordert hat, sondern auch im Erinnerungshaushalt der Gemeinschaft ohne Rahmen oder Adresse und in der Folge ohne Repräsentanz geblieben ist: Erzählungen über den Zweiten Weltkrieg thematisieren diese existenziell vermutlich unvergleichliche Erfahrung nicht oder wenn, dann nur in unangemessenen Mythisierungen und Stereotypisierungen.

Das heißt, dass im Falle der Bombardierung deutscher Städte 1944 und 1945 das Zeugnis der Überlebenden unerzählt geblieben ist. Im Fall von Sebalds Bestandsaufnahme der Auseinandersetzung mit dem alliierten Bombenkrieg in der Bundesrepublik Deutschland gerät nun aber nicht allein die *oral history*, sondern dezidiert die literarische Form des Erzählens in den Blick. Die Nachkriegsliteratur wird dabei auf der einen Seite zum Gradmesser für die erwähnte Gedächtnislücke, insofern Sebald zufolge gerade auch literarische Verarbeitungen der Kriegsjahre die Erfahrung des Bombardements unerwähnt lassen bzw. unangemessen aufarbeiten. Auf der anderen Seite skizziert Sebald das Modell einer Literatur, die diese massive Erinnerungslücke füllen kann: Insbesondere in Alexander Kluges Texten, die Fotografien und andere historische Materialien montieren, ist für Sebald ein Weg angelegt, das deutsche Kollektivgedächtnis aus seiner Erinnerungslosigkeit zu führen: »Im Dokumentarischen [...] kommt die deutsche Nachkriegsliteratur eigentlich erst zu sich und beginnt mit ihren ernsthaften Studien zu einem der tradierten Ästhetik inkommensurablen Material.« (Sebald 1999, S. 65)

Sebald zufolge können literarische Texte dem Anspruch, diejenigen Geschichten zu erzählen, die dem kommunikativen Gedächtnis verloren gegangen sind, demnach nur dann gerecht werden, wenn sie eine Ästhetik entwerfen, die der die Erinnerung bedrohenden Intensität der Ereignisse angemessen ist. Diese Ästhetik besteht in einem dokumentarischen Gestus auch fiktionaler Texte: Zeitzeugnisse, Dokumente und Fotografien werden, z. B. bei Peter Weiss oder Alexander Kluge, in die erzählten Zusammenhänge einmontiert. Dennoch sind diese Texte nicht als historische Berichte, sondern als Literatur zu lesen. Denn sie präsentieren die Dokumente nicht schlicht als historische Quellen, sondern rahmen sie in narrativen Kontexten. Damit reflektieren sie denjenigen Überlieferungsvorgang, der auf der Ebene des kommunikativen Gedächtnisses nicht stattgefunden hat, oder anders: Sie simulieren den Vorgang der Gedächtnisbildung auf der Ebene des kommunikativen wie des kulturellen Gedächtnisses. Mittels dieses Verfahrens kann Literatur Sebald zufolge dem Anspruch gerecht werden, die Krise des individuellen wie des kollektiven Gedächtnisses zu kompensieren, dass bestimmte Extremerfahrungen unerinnerbar oder unerzählbar sind. Diesen äußerst weitgehenden Begriff der Literatur hat Sebald in seiner Rede zur Eröffnung des Stuttgarter Literaturhauses kurz vor seinem Tod im November 2001 wie folgt formuliert: »Es gibt viele Formen des Schreibens; einzig aber in der literarischen geht es, über die Registrierung der Tatsachen und über die Wissenschaft hinaus, um einen Versuch der Restitution.« (Sebald 2001/2003, S. 248)

Fundiert ist dieser weitgehende Literaturbegriff im Spiel mit der Unterscheidung zwischen Fiktion und Fakten: Auf der einen Seite kann Literatur empirisch unverfügbare Erinnerungen kompensieren, weil sie als fiktionale Erzählung nicht an Empirie gebunden ist. Auf der anderen Seite ist die Freiheit dieses fiktionalen Entwurfs nicht beliebig, wenn ein literarischer Text seine Kompensationsfunktion für den realen Zusammenhang des kollektiven Gedächtnisses aufrechterhalten will. Ein solches Phänomen ist in der *narrative psychology* im Zusammenhang mit der Entstehung eines kommunikativen Gedächtnisses in Familien von Marianne Hirsch (1997, 2012) als *postmemory* beschrieben und auf die Erzählform von Sebalds *Austerlitz* angewandt worden. Unter *postmemory* wird dabei der Effekt verstanden, dass Kinder traumatisierter Personen durch Erzählungen – vor allem aber auch durch das Verschweigen von Erinnerungen – ihrerseits traumatisiert werden können – bis zu dem Punkt, an dem sie Ereignisse, an denen sie nicht beteiligt waren, von denen sie aber z.B. Photographien gesehen haben, für selbst erlebte halten. Dieser Ansatz eines transgenerationellen Gedächtnisses verweist auf die grundsätzliche psychologische Einsicht, dass Erinnerungen konstruiert werden und tatsächlich Erlebtes von Eingebildetem überlagert wird (Loftus 1999). Aus dieser Perspektive wird aber der Träger der falschen Erinnerungen als passiv Getäuschter bzw. Infiltrierter angesehen. Damit unterscheiden sich diese Phänomene aber offensichtlich von dem literarischen Verfahren einer aktiven Restitution unverfügbar gewordener Erinnerungen. Es geht dabei nicht um die schleichende Infiltrierung des Gedächtnisses durch fremde Geschichten oder erlittene Suggestionen, sondern um eine bewusste und gezielte Konstruktion. Und diese aktive

Konstruktion fiktiver Erinnerungen betrifft überdies nicht nur das kommunikative Familiengedächtnis, sondern anhand der Restitution individueller Zeugenschaft auch das kulturelle Gedächtnis.

Das lässt sich anschaulich an Sebalds Roman *Austerlitz* von 2001 entfalten. Schon die Erzählkonstruktion von *Austerlitz* stellt einen Zusammenhang zu dem angesprochenen Problemkomplex her: Der Erzähler des Romans berichtet von seinen Begegnungen mit Jacques Austerlitz, dessen Name nicht nur selbst einen zentralen Gedächtnisort der europäischen Geschichte – den Schauplatz der sogenannten Dreikaiserschlacht zwischen Frankreich, Russland und Österreich 1805 – in Erinnerung ruft, sondern der ihm auch erzählt, auf welche Weise er seine ihm unbekannte Herkunft und frühe Kindheitsgeschichte rekonstruiert hat. Unbekannt ist Austerlitz dieser Teil seiner Biografie geblieben, weil er im Alter von vier Jahren nach der deutschen Besetzung der Tschechoslowakei mit einem der sogenannten Kindertransporte nach England verschickt wurde, um als jüdisches Kind vor der nationalsozialistischen Verfolgung sicher zu sein.

Während er bei einer Pfarrersfamilie in Wales unter einem Decknamen aufwächst, bewahrt er keinerlei Erinnerungen an seine eigentlichen Eltern und weiß nichts von seiner tatsächlichen Herkunft. Von seinem Gymnasiallehrer auf seinen wirklichen Namen hingewiesen und am Leitfaden der diffusen Gefühle, die bestimmte Orte, an denen er noch nie gewesen zu sein glaubt, in ihm auslösen, beginnt Austerlitz die Suche nach seiner eigenen Lebensgeschichte, die ihn schließlich nach Prag und von dort nach Theresienstadt führt, wohin seine Mutter nach Jacques' Abreise deportiert wurde und von wo sich die Spur der Mutter nach Auschwitz und diejenige des Vaters nach Paris verliert.

Damit liegt ein mehrfach verschachtelter Rekonstruktionsprozess vor, der einerseits verlorene, andererseits fremde Erinnerungen betrifft: Der Erzähler des Romans resümiert den Prozess, innerhalb dessen Austerlitz seine tatsächliche Identität wiedergewinnt. Innerhalb dieses Prozesses berichtet Austerlitz aber auch vom Versuch, die Lebensgeschichte seiner Eltern zu rekonstruieren und vor dem Vergessen zu bewahren. Und schließlich leistet der Roman *Austerlitz* auf diese Weise einen Beitrag zur Erinnerung an das Schicksal jüdischer Familien im Zusammenhang mit den Kindertransporten aus Wien und Prag in den Jahren 1938 und 1939, deren Überlebende sich erst 1989 organisiert haben und deren Geschichte erst zeitgleich mit Sebalds Roman historisch aufgearbeitet und damit für ein kollektives Gedächtnis verfügbar gemacht wurde (Benz/Curio/Hammer 2003).

Das heißt also: Austerlitz versucht die Erinnerungen seiner Eltern zu restituieren, der Erzähler versucht, die Wiederkehr von Austerlitz' Erinnerungen zu verbalisieren, und Sebald erinnert an die Geschichte der Kindertransporte. Damit betrifft Austerlitz' Suche das *individuelle*, seine Berichte an den Erzähler betreffen das *kommunikative* und Sebalds Romanprojekt das *kulturelle* Gedächtnis. In allen drei Fällen aber handelt es sich um ein Gedächtnis, über das die jeweils erinnernde Instanz nicht verfügt: Austerlitz nicht über das seiner Eltern, der Erzähler nicht über das Austerlitz' und Sebald nicht über das der von ihren Eltern getrennten Kinder. In allen drei Fällen müssen daher Erinnerungen, die man nicht hat, imaginiert werden, um sie – als *Déjà-vu*, als mündlichen Bericht oder als Roman – erzählen zu können. Und man wird sagen können: Indem Sebald von einer Romanfigur erzählt, die verloren gegangene sowie ihm fremde Erinnerungen zu rekonstruieren versucht, reflektiert er sein eigenes Verfahren, die Lücken des kulturellen Gedächtnisses mit den Mitteln der Fiktion zu füllen.

Aufgrund dieser Struktur reflektiert *Austerlitz* das Problem der Erinnerung an unverfügbare Erinnerungen auf mehreren Ebenen.

Das hat Sebald wahlweise die Anerkennung oder den Vorwurf eingebracht, er rekonstruiere das Gedächtnis der Opfer des Nationalsozialismus: Da Sebald selbst kein Opfer war, lässt sich sein Verfahren als anmaßende, wenn nicht obszöne Konstruktion fiktiver Erinnerungen begreifen – so wie im Fall Wilkomirski, aber auch hinsichtlich des Vorwurfs, Sebald habe sich der Autobiografie der Kindertransport-Überlebenden Susi Bechhöfer *Rosas Tochter* von 1998 bedient. Folgt man allerdings Lyotard, so können diejenigen, die dabei waren, aber nicht überlebt haben, ihre Erinnerung gerade nicht weitergeben. Aus diesem Grund kann man Sebalds Projekt der »Restitution« auch im Sinne Walter Benjamins verstehen.

Beide Einschätzungen – der auf Benjamin gestützte Auftrag einer Geschichte der Besiegten wie der an Lyotard orientierte Einwand der Unerzählbarkeit – formulieren letzten Endes zentrale ethische Stellungnahmen. Wie sind sie aber im Medium einer fiktionalen Erzählung konkret umzusetzen? In Sebalds bereits erwähnter Vorlesung Luftkrieg und Literatur finden sich erste Hinweise für eine derartige literarische Verfahrensweise. In einer durchaus autobiografischen Passage heißt es dort:

»Ich habe meine Kindheit und Jugend in einer von den unmittelbaren Auswirkungen der sogenannten Kampfhandlungen weitgehend verschonten Gegend am Nordrand der Alpen verbracht. Bei Kriegsende war ich gerade ein Jahr alt und kann also schwerlich auf realen Ereignissen beruhende Eindrücke aus jener Zeit der Zerstörung bewahrt haben. Dennoch ist es mir bis heute, wenn ich Photographien oder dokumentarische Filme aus dem Krieg sehe, als stammte ich, sozusagen, von ihm ab und als fiele von dorther, von diesen von mir ganz und gar nicht erlebten Schrecknissen, ein Schatten auf mich, unter dem ich nie ganz herauskommen werde.« (Sebald 1999, S. 76 f.)

Das hier zur Debatte stehende Problem ist damit unmittelbar angesprochen: Der Autor Sebald gibt an, zu einer Zeit, über die er schreiben will, bereits gelebt zu haben, aber aus Altersgründen über keine Erinnerungen zu verfügen. Für die Kompensation dieser Erinnerungslücke wählt er zwei Referenzen: Das eine ist das medial gespeicherte kulturelle Gedächtnis an die Kriegsjahre, das ihm aber nur Bilder von Ereignissen liefert, die er nicht selbst erlebt hat. Sie dienen aber als Auslöser für die zweite Referenz, die die Erinnerungslücke zu füllen hilft. Diese zweite Referenz wird durch die Konstruktion eines assoziativ ausgelösten, aber genealogisch begründeten Zusammenhangs zwischen den Bildern und Sebalds Leben etabliert.

Wenige Seiten später präzisiert Sebald, wie man sich diese von fotografischen Aufnahmen ausgelöste Wahrnehmung des Schattens der Vergangenheit, der in die Gegenwart hereinragt, vorzustellen hat. Er verweist nämlich auf die Fotografie der Besatzung eines Flugzeugs, das im Luftkrieg abgestürzt ist und an die Sebald naturgemäß wiederum keine tatsächlichen Erinnerungen haben kann. Stattdessen heißt es: »Eines der vier Besatzungsmitglieder, die dabei ums Leben kamen, ein Oberleutnant Bollert, hatte denselben Geburtstag wie ich und war vom gleichen Jahrgang wie mein Vater. Soweit die wenigen Punkte, an denen sich mein Lebenslauf mit der Geschichte des Luftkriegs überschneidet.« (Sebald 1999, S. 84)

Der Schatten, der anhand von Bildern aus der Vergangenheit auf jemanden fällt, der keine Erinnerungen an diese Vergangenheit hat, besteht also gerade nicht in irgendwelchen vergessenen oder verdrängten Spuren, sondern in hochgradig kontingenten Konstellationen. Solche »Überschneidungen« zeigen sich nicht von selbst, sondern entstehen erst, indem man sie benennt. Es handelt sich dabei aber symptomatischerweise um unmittelbar biografische Daten aus Sebalds Leben, die auf diese Weise einer

Fotografie, die weder von ihm noch seinem Vater etwas zeigt, eingeschrieben werden.

Erinnerungen, die man nicht hat, gewinnt man demnach, indem man zwischen den Daten des eigenen Lebenslaufs und der überlieferten Vergangenheit ›Überschneidungen‹ sucht – Überschneidungen allerdings, die nicht empirisch zu verallgemeinern sind, sondern sich der Willkür des Betrachters verdanken. Dieses Verfahren ist nun für Sebalds gesamte Poetik von nicht zu überschätzender Bedeutung. Denn auch in seinen im engeren Sinne literarischen Werken ist die Vielzahl von Fotografien auffällig, die Sebald in seine Erzähltexte hineinmontiert und auf die diese Texte beschreibend oder kommentierend Bezug nehmen. Auf der einen Seite scheint Sebald damit an die Tradition derjenigen dokumentarischen Literatur anzuschließen, die er in *Luftkrieg und Literatur* als einzig angemessene bezeichnet. Auf der anderen Seite ist der Dokumentationswert der Fotografien gerade in fiktionalen Texten durchaus problematisch. In einem Interview mit der *Neuen Zürcher Zeitung* im Februar 1997 charakterisiert der Autor sein Verfahren nämlich wie folgt: »Ich habe schon viele Jahre hindurch auf eine völlig unsystematische Art und Weise Bilder aufgefunden. Man entdeckt solche Dinge einliegend in alten Büchern, die man kauft. Man findet sie in Antiquitätengeschäften oder Trödelläden [...] Immer ist mir dabei aufgefallen, daß von diesen Bildern ein ungeheurer Appell ausgeht; eine Forderung an den Beschauer, zu erzählen oder sich vorzustellen, was man, von diesen Bildern ausgehend, erzählen könnte.« (Sebald 1997/2011, 165)

Fotografien sind hier also gerade nicht hinsichtlich dessen, was sie als ›pencil of nature‹ tatsächlich und authentisch speichern, von Interesse. Diese Realreferenz von Fotos ist ja im Fall ihres zufälligen Auffindens ohne Kenntnis ihres Entstehungshintergrunds oder auch nur der geografischen oder personalen

Zugehörigkeit des Gezeigten verloren gegangen. Dieser Verlust ist dem Foto aber insofern noch eingeschrieben, als es die schiere referenzielle Struktur, Verweis auf etwas Gewesenes zu sein, nach wie vor aufrechterhält. Insofern ist das zufällig aufgefundene Foto analog zu einer verlorenen Erinnerung, von der man aber weiß, dass es sie einmal gegeben hat. Und indem ein Foto den Hinweis auf etwas Vergangenes bewahrt, ist ihm diejenige Appellstruktur eigen, auf die Sebald hinweist: Ein Appell, die leere Systemstelle der Referenz wieder zu füllen, »eine Forderung an den Beschauer, zu erzählen oder sich vorzustellen, was man, von diesen Bildern ausgehend, erzählen könnte«.

Nimmt man diese Aussage als Selbstbeschreibung des eigenen Verfahrens ernst, so dienen die Fotografien in Sebalds Werken gerade nicht der nachträglichen Illustration des Erzählten. Genau umgekehrt sind die erzählten fiktiven Geschichten potenzielle Füllungen der verloren gegangenen Referenz der Bilder. Diese Struktur einer leeren und daher wieder zu füllenden Referenz entspricht dabei genau dem Problem verlorener oder unverfügbarer Erinnerungen. Aus diesem Grund ist Sebalds Verwendung von Fotografien das erinnerungstheoretische Prinzip seines Schreibens: Auch der Roman *Austerlitz* füllt Fotografien, deren tatsächliche Gegenstände unbekannt sind, mit einem imaginären Gedächtnis der im konkreten Einzelfall fiktiven, generell aber auf diese Weise möglichen wie realen Lebensschicksale in Europa während und nach dem Zweiten Weltkrieg.

Sebalds Verfahren der fiktionalen Beschreibung realer Bilder entspricht dabei demjenigen der Romanfigur Austerlitz. Denn auch Austerlitz, der über keine eigenen Erinnerungen verfügt, wendet sich an Bildmedien, um das verlorene Gedächtnis seiner Eltern zu retten, und zwar im doppelten Sinn von Gedächtnis: als ›Andenken‹ an seine Eltern und als Rekonstruktion ihrer Erlebnisse.

Eines dieser Bildmedien ist das Fragment des Films *Der Führer schenkt den Juden eine Stadt*, den die Nationalsozialisten über das Leben in Theresienstadt drehten, um im restlichen Reich den Eindruck zu erwecken, die Deportation der jüdischen Bevölkerung geschehe zu deren eigenem Wohl. Hier hofft Austerlitz, auf eine Aufnahme seiner Mutter Agatá zu stoßen. In einer Zeitlupenkopie des Films, die er eigens anfertigen lässt »erscheint« tatsächlich »das Gesicht einer jüngeren Frau [...], fast ununterscheiden von dem schwarzen Schatten, der es umgibt«. Wenige Zeit später, berichtet Austerlitz, sei er im Prager Theaterarchiv »auf die unbeschriftete Photographie einer Schauspielerin gestoßen, die mit meiner verdunkelten Erinnerung an meine Mutter übereinzustimmen schien, und in der Vêra, die das von mir aus dem Theresienstädter Film herauskopierte Gesicht der Zuhörerin zuvor des längeren betrachtet und dann kopfschüttelnd beiseite gelegt hatte, sogleich und zweifelsfrei, wie sie sagte, Agatá erkannte, so wie sie damals gewesen war« (Sebald 2001, S. 361).

Im Fall des Gedächtnisses der Eltern leistet mithin das kommunikative Gedächtnis die notwendige ›Beschriftung‹ der Bilder. Als Instanz dieses Gedächtnisses fungiert das Kindermädchen Vêra als einzige Überlebende der Familie, die Austerlitz' Mutter Agatá identifiziert. Und nur dieses kommunikative Gedächtnis vermag die Lücke zwischen kulturell Gespeichertem (Film, Foto) und individuell Vergessenem (Austerlitz' Kindheit) zu schließen.

Die Restitution der Erinnerung gelingt im Roman also aus dem Zusammenspiel von kommunikativem und medial gespeichertem Gedächtnis. Aber auch der Topografie und Architektur kommt in Sebalds Roman dieselbe zentrale Bedeutung zu wie in der kulturwissenschaftlichen Gedächtnistheorie: Während Austerlitz im Fall seiner Eltern nämlich auf die Erzählungen seines Kindermädchens angewiesen ist, erlangt er seine eigenen Erinnerungen zurück, wenn er sich an die Schauplätze seiner vergessenen Kindheit zurückbegibt. So heißt es über die Wartehalle in der Londoner Liverpool Street Station, die Austerlitz besucht, ohne zu wissen, dass er als vierjähriger Junge an diesem Ort in England angekommen und von seinen Pflegeeltern in Empfang genommen worden war: »Vielleicht sah ich darum auch in dem Halbdämmer des Saals zwei im Stil der dreißiger Jahre gekleidete Personen mittleren Alters [...] ich sah auch den Knaben, den abzuholen sie gekommen waren [...] und erinnerte mich zum erstenmal, soweit ich zurückdenken konnte, an mich selber in dem Augenblick, in dem ich begriff, daß es in diesem Wartesaal gewesen sein mußte, daß ich in England angelangt war vor mehr als einem halben Jahrhundert.« (Sebald 2001, S. 201)

Neben diese individuellen Erinnerungen tritt aber zugleich auch das überindividuelle Gedächtnis der Architektur des Bahnhofs, d. h. die Erinnerung an die Orte und Bauten, auf deren Stelle er errichtet wurde und die – denkt man an die Problematik der verstummten Opfer der Geschichte – nicht zufällig als Ort der Toten imaginiert wird:

»Beinahe zwanghaft, sagte Austerlitz, habe ich mir, wenn ich in dem Bahnhof mich aufhielt, immer wieder vorzustellen versucht, wo in dem später von anderen Mauern durchzogenen und jetzt abermals sich verändernden Raum die Kammern der Insassen dieses Asyls gewesen sind, und oft habe ich mich gefragt, ob das Leid und die Schmerzen, die sich dort über die Jahrhunderte angesammelt haben, je wirklich vergangen sind, oder ob wir sie nicht heute noch, wie ich bisweilen an einem kalten Zug um die Stirn zu spüren glaubte, auf unseren Wegen durch die Hallen und über die Treppen durchqueren.« (Ebd., S. 191)

In vergleichbarer Weise bewahren auf der einen Seite die Gassen seiner alten Heimat Prag die Erinnerung an die Wege seiner Kindheit, die in intertextueller Anlehnung an den letzten Band der

Proust'schen *Recherche* auf die »unebenen Pflastersteine« (ebd.,
S. 220) zurückgeführt werden. Auf der anderen Seite aber entwirft der Roman einen Gedächtnisraum europäischer Architektur: Die sternförmige Architektur der Festung Breendonk an der
belgischen Atlantikküste, die der Erzähler des Romans *Austerlitz* zu Beginn besucht, liegt auch dem in gleicher Weise erbau-
ten Theresienstadt zugrunde, in das Austerlitz' Eltern deportiert wurden.

Zu mündlichen Erzählungen, fotografischen und filmischen
Aufnahmen sowie der Architektur von Bahnhöfen, Straßenzü-
gen und Stadtanlagen treten am Ende des Romans schließlich
Bibliothek und Archiv als kulturelle Gedächtnisspeicher. Austerlitz berichtet, wie ihn seine Suche nach Paris führt, wo gerade
die alte Bibliothèque Nationale aus der Innenstadt in einen modernen Magazinbau am Stadtrand transferiert wurde – ein nicht
zu unterschätzender Eingriff in einen zentralen Gedächtnisort
Frankreichs. Austerlitz berichtet, er sei

»in dem Lesesaal beim Aufschlagen einer amerikanischen Architektur-
zeitschrift – um sechs Uhr abends genau ist es gewesen – auf eine groß-
formatige graue Photographie gestoßen, die den bis an die Decke hinauf
mit offenen Fächern versehenen Raum zeigte, in welchem heute die Akten der Gefangenen aufbewahrt werden in der sogenannten kleinen Festung von Terezín. Ich erinnerte mich, sagte Austerlitz, daß ich es seiner-
zeit bei meinem ersten Besuch in dem böhmischen Ghetto nicht über
mich gebracht hatte, in das außerhalb der sternförmigen Stadt auf dem
Glacis gelegene Vorwerk hineinzugehen, und vielleicht drängte sich mir
nun deshalb beim Anblick der Registraturkammer die zwanghafte Vorstellung auf, daß dort, in der kleinen Festung von Terezín, in deren naß-
kalten Kasematten so viele zugrunde gegangen sind, mein wahrer Arbeits-
platz gewesen wäre und daß ich ihn nicht eingenommen habe aus eige-
ner Schuld.« (Ebd., S. 401)

Die Suche nach den verlorenen Erinnerungen der Opferbiografien des 20. Jahrhunderts, die als Suche nach der individuellen Lebensgeschichte begann und sich von den Instanzen des kommunikativen Gedächtnisses über die bildlichen Speichermedien Fotografie und Film zum historischen Raum der Architektur erstreckte, endet in einer zentralen Institution des kulturellen Gedächtnisses. Indem aber diese Institution nicht etwa auf die gesuchten Biografien verweist, sondern auf weitere Archive, schließt sich das Erinnerungssystem des kulturellen Gedächtnisses, ohne den Bezug zum gelebten Leben herstellen zu können: Die erzählerische Restitution des Vergessenen, die der fiktive Erzähler des Romans mithilfe der dokumentarischen Spurensuche der Figur Austerlitz leistet, führt weder zu einer rauschhaften Epiphanie der Vergangenheit wie bei Proust noch zu einer konkreten Füllung des kulturellen Gedächtnisses. Was bleibt, ist das weniger von der eigenen Verstrickung als von der Vergeblichkeit des empfundenen Auftrags kündende Schuldgefühl des Suchenden, in dem Sebald Antrieb und Resultat der kulturellen Erinnerungsarbeit im 21. Jahrhundert versinnbildlicht.

Anhang

Literatur

Agamben, Giorgio (1998), Was von Auschwitz bleibt. Das Archiv und der Zeuge, Frankfurt/M. 2003.

Anderson, Benedict (1983), Die Erfindung der Nation. Zur Karriere eines folgenreichen Konzepts, Frankfurt/New York 1998.

Anonym, Rhetorica ad Herennium, hrsg. von Theodor Nüßlein, Zürich 1994 (zitiert mit römischer Kapitel- und arabischer Abschnittszahl).

Antoine, Jean-Philippe (1988), The Art of Memory and ist Relation to the Unconscious, in: Comparative Civilizations Review 18, S. 1-21.

Assmann, Aleida (1991), Zur Metaphorik der Erinnerung, in: Mnemosyne. Formen und Funktionen der kulturellen Erinnerung, hrsg. von Aleida Assmann und Dietrich Harth, Frankfurt/M., S. 12-35.

– (1996), Der lange Schatten der Vergangenheit. Erinnerungskultur und Geschichtspolitik, München.

– (1999), Erinnerungsräume. Formen und Funktionen des kulturellen Gedächtnisses, München.

– (2002), Gedächtnis als Leitbegriff der Kulturwissenschaften, in: Kulturwissenschaften. Forschung – Praxis – Positionen, hrsg. von Lutz Musner und Gotthard Wunberg, Wien, S. 27-45.

– (2004), Zur Mediengeschichte des kulturellen Gedächtnisses, in: Medien des kollektiven Gedächtnisses. Konstruktivität, Historizität, Kulturspezifizität, hrsg. von Astrid Erll und Ansgar Nünning, Berlin/New York, S. 45-60.

– (2007), Geschichte im Gedächtnis. Von der individuellen Erfahrung zur öffentlichen Inszenierung, München.

Assmann, Aleida/Assmann, Jan (Hg.) (1987), Kanon und Zensur. Archäologie der literarischen Kommunikation II, München.

Assmann, Jan/Hölscher, Tonio (Hg.) (1988), Kultur und Gedächtnis, Frankfurt/M.

Assmann, Jan (1992), Das kulturelle Gedächtnis. Schrift, Erinnerung und politische Identität in frühen Hochkulturen, München.

– (2001), Halbwachs, Maurice, in: Pethes, Nicolas/Ruchatz, Jens (Hg.), Gedächtnis und Erinnerung. Ein interdisziplinäres Lexikon, Reinbek, S. 247-249.

– (2002), Nachwort, in: Elena Esposito, Soziales Vergessen. Formen und Medien des Gedächtnisses der Gesellschaft, Frankfurt/M., S. 400-414.

Augé, Marc (1990), Orte und Nicht-Orte. Vorüberlegungen zu einer Ethnologie der Einsamkeit, Frankfurt/M.

Augustinus, Bekenntnisse, dt. von Wilhelm Thimme, Zürich 1950.

Baecker, Dirk (2000), Wozu Kultur? Berlin.

Baddeley, Alan D. (1976), Die Psychologie des Gedächtnisses, Stuttgart 1979.

Bannasch, Bettina/Hammer, Almuth (Hg.) (2004), Verbot der Bilder – Gebot der Erinnerung. Mediale Repräsentationen der Schoah, Frankfurt/New York.

Barnes, Julian A. (1947), Structural Amnesia, in: ders., Models and Interpretations. Selected Essays, Cambridge MA 1990, S. 227-228.

Barthes, Roland (1980), Die helle Kammer. Bemerkungen zur Photographie, Frankfurt/M. 1985.

Bartlett, Frederic Charles (1932), Remembering: A Study in Experimental and Social Psychology, Cambridge.

Baumann, Leonie u.a. (Hg.) (1995), Der Wettbewerb für das ›Denkmal für die ermordeten Juden Europas‹. Eine Streitschrift, Berlin.

Benjamin, Walter (1933), Erfahrung und Armut, in: ders., Gesammelte Schriften, Bd. II, Frankfurt/M. 1977, S. 213-219.

– (1940), Über den Begriff der Geschichte, in: ders., Gesammelte Schriften, Bd. I, Frankfurt/M. 1974, S. 691-704 (Kommentarteil S. 1223-1266).

– (2006), Das Adressbuch des Exils 1933-1940, hrsg. von Christine Fischer-Defoy, Leipzig.

Benz, Wolfgang/Curio, Claudia/Hammel, Andrea (Hg.) (2003), Die Kindertransporte 1938/39. Rettung und Integration, Frankfurt/M.

Berek, Matthias (2009): Kollektives Gedächtnis und die gesellschaftliche Konstruktion der Wirklichkeit. Eine Theorie der Erinnerungskulturen, Wiesbaden.

Bergson, Henri (1896), Materie und Gedächtnis. Eine Abhandlung über die Beziehung zwischen Körper und Geist, Hamburg 1991.

Berns, Jörg Jochen/Neuber, Wolfgang (Hg.) (1993), Ars memorativa. Zur kulturgeschichtlichen Bedeutung der Gedächtniskunst 1400-1750, Tübingen.

Bhabha, Homi (1994), Die Verortung der Kultur, Tübingen 2000.

Bielefeld, Christian (2001), Musik, in: Pethes, Nicolas/Ruchatz, Jens (Hg.), Gedächtnis und Erinnerung. Ein interdisziplinäres Lexikon, Reinbek, S. 389-391.

Blasberg, Cornelia/Birkmeyer, Jens (Hg.) (2006), Erinnern des Holocaust? Eine neue Generation sucht Antworten, Bielefeld.

Bolzoni, Lina (2001), The Gallery of Memory. Literary and Iconographic Models in the Age of the Printing Press, Toronto.

Borsò, Vittoria (2001), Gedächtnis und Medialität: Die Herausforderung der Alterität. Eine medienphilosophische und medienhistorische Perspektivierung des Gedächtnis-Begriffs, in: Medialität und Gedächtnis. Interdisziplinäre Beiträge zur kulturellen Verarbeitung europäischer Krisen, hrsg. von ders., Gerd Krumreich und Bernd Witte, Stuttgart, S. 23-54.

Boyer, Pascal/Wertsch, James V. (Hg.) (2009), Memory in Mind and Culture, New York.

Butzer, Günter (1998), Fehlende Trauer. Verfahren epischen Erinnerns in der deutschsprachigen Gegenwartsliteratur, München.

Butzer, Günter/Günter, Manuela (Hg.) (2004), Kulturelles Vergessen: Medien – Rituale – Orte, Göttingen.

Carruthers, Mary (1990), The Book of Memory. A Study of Memory in Medieval Culture, Cambridge.

Certeau, Michel de (1988), Kunst des Handelns, Berlin.

Cicero, Marcus Tullius, Vom Redner. De Oratore, dt. in: ders., Werke in drei Bänden, Bd. 2, Berlin/Weimar 1989, S. 5-252 (zitiert mit römischer Kapitel- und arabischer Abschnittszahl).

Creet, Julia (2011), Memory and Migration: Multidisciplinary Approaches to Memory Studies, Toronto.

Curtius, Ernst Robert (1948), Europäische Literatur und lateinisches Mittelalter, Bern.

de Man, Paul (1979), Autobiographie als Maskenspiel, in: ders., Die Ideologie des Ästhetischen, hrsg. von Christoph Menke, Frankfurt/M. 1993, S. 131-146.

Derrida, Jacques (1967), Freud und der Schauplatz der Schrift, in: ders., Die Schrift und die Differenz, Frankfurt/M. 1972, S. 302-350.

– (1972), Dissemination, Wien 1995.

Dewes, Eva/Duhm, Sandra (Hg.) (2008), Kulturelles Gedächtnis und interkulturelle Rezeption im europäischen Kontext, Berlin.

Draaisma, Douwe (1995), Die Metaphernmaschine. Eine Geschichte des Gedächtnisses, Darmstadt 1999.

Dreier, Thomas/Euler, Ellen (Hg.) (2012), Kulturelles Gedächtnis im 21. Jahrhundert, Karlsruhe.

Ebbinghaus, Hermann (1885), Über das Gedächtnis. Untersuchungen zur experimentellen Psychologie, Leipzig.

Eco, Umberto (1988), An ars oblivionalis? Forget it! In: Publication of the Modern Language Association 103, S. 254-261.

Ehlich, Konrad (1983), Text und sprachliches Handeln. Die Entstehung von Texten aus dem Bedürfnis nach Überlieferung, in: Schrift und Gedächtnis. Beiträge zur Archäologie literarischer Kommunikation I, hrsg. von Aleida Assmann, Jan Assmann und Christoph Hardmeier, München, S. 24-43.

Erll, Astrid (2003), Gedächtnisromane. Literatur über den Ersten Weltkrieg als Medium englischer und deutscher Erinnerungskulturen in den 1920er Jahren, Trier.

– (2008), Film und Kulturelle Erinnerung: Plurimediale Konstellationen, Berlin/New York.

– (2011), Kollektives Gedächtnis und Erinnerungskulturen. Eine Einführung, 2. Auflage, Stuttgart.

Erll, Astrid/Ansgar Nünning (Hg.) (2004), Medien des kollektiven Gedächtnisses. Konstruktivität, Historizität, Kulturspezifizität, Berlin/New York.

Erll, Astrid/Nünning, Ansgar (2005), Gedächtniskonzepte der Literaturwissenschaft, Berlin/New York.

Erll, Astrid/Ansgar Nünning (Hg.) (2008), Cultural Memory Studies. An International and Interdisciplinary Handbook, Berlin/New York.

Erll, Astrid/Rigney, Ann (Hg.), Mediation, Remediation, and the Dynamics of Cultural Memory, Berlin/New York 2009.

Esposito, Elena (2002), Soziales Vergessen. Formen und Medien des Gedächtnisses der Gesellschaft, Frankfurt/M.

François, Etienne/Schulze, Hagen (2001) (Hg.), Deutsche Erinnerungsorte, 3 Bde., München.

Fohrmann, Jürgen (1994), Der historische Ort der Literaturwissenschaften, in: Germanistik in der Mediengesellschaft, hrsg. von Ludwig Jäger und Bernhard Switalla, München, S. 25-36.

Foucault, Michel (1967), Andere Räume, in: Aisthesis. Wahrnehmung heute oder Perspektiven einer anderen Ästhetik, hrsg. von Karlheinz Barck, Leipzig 1990, S. 34-46.

– (1970), Un ›fantastique‹ de bibliothèque, in: ders., Schriften zur Literatur, Frankfurt/M. 1988, S. 157-177.

Freud, Sigmund (1895), Entwurf einer Psychologie, in: ders., Gesammelte Werke, Frankfurt/M. 1999, Nachtragsband, S. 373-486.

– (1912), Totem und Tabu, in: ders., Gesammelte Werke, Frankfurt/M. 1999, Bd. IX.

– (1918), Aus der Geschichte einer infantilen Neurose (Der Wolfsmann), in: ders., Gesammelte Werke, Frankfurt/M. 1999, Bd. XIII, S. 29-157.

– (1920), Jenseits des Lustprinzips, in: ders., Gesammelte Werke, Frankfurt/M. 1999, Bd. XIII, S. 3-69

– (1925), Notiz über den Wunderblock, in: ders., Gesammelte Werke, Frankfurt/M. 1999, Bd. XIV, S. 3-8.

– (1930), Das Unbehagen in der Kultur, in: ders., Gesammelte Werke, Frankfurt/M. 1999, Bd. XIV.

Fuchs, Anne (2004), Schmerzensspuren der Geschichte. Zur Poetik der Erinnerung in W. G. Sebalds Prosa, Köln/Weimar/Wien.

Gawoll, Hans Jürgen (1988/1989), Spur: Gedächtnis, Andersheit. Teil II: Das Sein und die Differenzen – Heidegger, Levinas und Derrida, in: Archiv für Begriffsgeschichte 32, S. 269-296.

Goldman, Stefan (1989), Statt Totenklage Gedächtnis. Zur Erfindung der Mnemotechniken durch Simonides von Keon, in: Poetica, Jg. 21, S. 43-66.

Gombrich, Ernst H. (1970), Aby Warburg. Eine intellektuelle Biographie, Hamburg 1992.

Goody, Jack/Watts, Ian (1981), Konsequenzen der Literalität, in: Entstehung und Folgen der Schriftkultur, hrsg. von Jack Goody, Ian Watts und Kathleen Gough, Frankfurt/M., S. 63-122.

Groys, Boris (1992), Über das Neue. Versuch einer Kulturökonomie, München.

Gudehus, Christian/Eichenberg, Ariane/Welzer, Harald (Hg.) (2010), Gedächtnis und Erinnerung. Ein interdisziplinäres Handbuch, Stuttgart.

Günter, Manuela (2002), Überleben Schreiben. Zur Autobiographik der Shoah, Würzburg.

Haarmann, Harald (1990), Universalgeschichte der Schrift, Frankfurt/M.

Hagner, Michael (1997), Homo cerebralis. Der Wandel vom Seelenorgan zum Gehirn, Berlin.

Halbwachs, Maurice (1925), Das Gedächtnis und seine sozialen Bedingungen, Frankfurt/M. 1985.

Hartmann, Angelika (Hg.) (2004), Geschichte und Erinnerung im Islam, Göttingen.

Havelock, Eric (1982), The Literate Revolution in Greece and its Cultural Consequences, Princeton.

Haverkamp, Anselm/Lachmann, Renate (Hg.) (1991), Gedächtniskunst. Raum – Bild – Schrift. Studien zur Mnemotechnik, Frankfurt/M.

Haverkamp, Anselm (1993), Die Gerechtigkeit der Texte – Memoria: eine ›anthropologische Konstante‹ im Erkenntnisinteresse der Literaturwissenschaften?, in: Memoria. Vergessen und Erinnern, hrsg. von Anselm Haverkamp und Renate Lachmann, München, S. 17-27.

Hering, Ewald (1870), Über das Gedächtnis als eine allgemeine Funktion der organisierten Materie, Wien.

Hesiod, Theogonie, in: ders., Werke in einem Band, Berlin/Weimar 1994, S. 1-42.

Hirsch, Marianne (1997), Family Frames: Photography, Narrative, and Postmemory, Cambridge.

– (2012), The Generation of Postmemory: Visual Culture After the Holocaust, New York.

Holm, Christiane, Pablo Picasso: Traum und Lüge Francos und Guernica (2005), in: Erinnern und Erzählen. Der spanische Bürgerkrieg in der deutsch- und spanischsprachigen Literatur und in den Bildmedien, hrsg. von Bettina Bannasch und Christiane Holm, Tübingen, S. 145-160.

Hutton, Patrick H. (1987), The Art of Memory Reconceived. From Rhetoric to Psychoanalysis, in: Journal of the History of Ideas 48, S. 371-392.

Huyssen, Andreas (1995), Twilight Memories. Marking Time in a Culture of Amnesia, New York.

Illich, Ivan (1991), Im Weinberg des Textes. Als das Schriftbild der Moderne entstand, Frankfurt/M.

Kansteiner, Wulf, Die Radikalisierung des deutschen Gedächtnisses im Zeitalter seiner kommerziellen Reproduktion: Hitler und das »Dritte Reich« in den Fernsehdokumentationen von Guido Knopp, in: Zeitschrift für Geschichtswissenschaft, Jg. 51 (2003), S. 626-648.

Kany, Roland (1987), Mnemosyne als Programm. Geschichte, Erinnerung und die Andacht zum Unbedeutenden im Werk von Usener, Warburg und Benjamin, Tübingen.

Kittler, Friedrich (1979), Vergessen, in: Texthermeneutik. Aktualität, Geschichte, Kritik, hrsg. von Ulrich Nassen, München, S. 195-221.

– (2000), Kulturgeschichte der Kulturwissenschaft, München.

Klüger, Ruth (1996), Zum Wahrheitsbegriff der Autobiographie, in: Autobiographien von Frauen. Beiträge zu ihrer Geschichte, hrsg. von Magdalena Heuser, Tübingen, S. 405-510.

Körte, Mona (1996), Der Krieg der Wörter. Der autobiographische Text als künstliches Gedächtnis, in: Shoah. Formen der Erinnerung. Geschichte, Philosophie, Literatur, Kunst, hrsg. von Nicolas Berg, Jess Jochimsen und Bernd Stiegler, München, S. 201-214.

Konersmann, Ralf (1991), Erstarrte Unruhe. Walter Benjamins Begriff der Geschichte, Frankfurt/M.

Koselleck, Reinhart (1967), Historia Magistra Vitae. Über die Auflösung des Topos im Horizont neuzeitlich bewegter Geschichte, in: ders., Vergangene Zukunft. Zur Semantik geschichtlicher Zeiten, Frankfurt/M. 1979, S. 38-66.

– (1973), Ereignis und Struktur, in: Geschichte, Ereignis und Erzählung, hrsg. von Reinhart Koselleck und Wolf-Dieter Stempel München, S. 307-317.

Krell, David (1990), Of Memory, Reminiscence, and Writing. On the verge, Bloomington.

Kristeva, Julia (1967), Bachtin, das Wort, der Dialog und der Roman, in: Literaturwissenschaft und Linguistik. Ergebnisse und Perspektiven, Bd. 3, hrsg. von Jens Ihwe, Frankfurt/M. 1972, S. 345-375.

Kühner, Angela (2008), Trauma und kollektives Gedächtnis, Gießen.

Lachmann, Renate (1990), Gedächtnis und Literatur. Intertextualität in der russischen Moderne, Frankfurt/M.

- (1993), Gedächtnis und Weltverlust – Borges' memorioso – mit Anspielung auf Lurijas Mnemonisten, in: Memoria. Vergessen und Erinnern, hrsg. von Anselm Haverkamp und Renate Lachmann, München, S. 492-519.

Le Bon, Gustave (1895), Psychologie der Massen, Stuttgart 1982.

Levy, Daniel/Sznaider, Natan (2001), Erinnerung im globalen Zeitalter: Der Holocaust, Frankfurt/M. 2001.

Loftus, Elizabeth (1999), Remembering what Never Happened, in: Memory, Consciousness, and the Brain: The Talinn Conference, hrsg. von Endel Tulving, Philadelphia, S. 106-118.

Luhmann, Niklas (1984), Soziale Systeme. Grundriß einer allgemeinen Theorie, Frankfurt/M.

- (1997), Die Gesellschaft der Gesellschaft, Frankfurt/M.

Lurija, Alexander R. (1968), Kleines Porträt eines großen Gedächtnisses, in: ders., Der Mann, dessen Welt in Scherben ging. Zwei neurologische Geschichten, Reinbek 1991, S. 147-249.

Lyotard, Jean-François (1979), Das postmoderne Wissen, Wien 1993.

- (1983), Der Widerstreit, München 1989.

Martini, Wolfram (Hg.) (2000), Architektur und Erinnerung, Göttingen.

Mattern, Jens/Oesterle, Günter (Hg.) (2010), Abgrund der Erinnerung: Kulturelle Identität zwischen Gedächtnis und Gegen-Gedächtnis, Berlin.

Matussek, Peter (2003), Kulturwissenschaft und Gedächtnisforschung, in: handlung kultur interpretation. Zeitschrift für Sozial- und Kulturwissenschaften (Themenschwerpunkt ›Gedächtnisforschung disziplinär‹, hrsg. von Nicolas Pethes und Jens Ruchatz) 12, Heft 1, S. 59-71.

Middleton, David (2009), Collective Remembering, London.

Neiger, Motti (Hg.) (2011), On Media Memory: Collective Memory in a New Media Age, Basingstoke.

Niethammer, Lutz (1980), Lebenserfahrung und kollektives Gedächtnis. Die Praxis der Oral History, Frankfurt/M.

- (1989), Posthistoire. Ist die Geschichte zu Ende?, Reinbek.

Nietzsche, Friedrich (1874), Vom Nutzen und Nachtheil der Historie für das Leben, in: ders., Kritische Studienausgabe, hrsg. von Giorgio Colli und Mazzino Montinari, Bd. 1, Berlin/New York ²1988, S. 243-334.

- (1887), Genealogie der Moral, in: ders., Kritische Studienausgabe, hrsg. von Giorgio Colli und Mazzino Montinari, Bd. 5, Berlin/New York ²1988, S. 245-412.

Niven, Bill (Hg.), Germans as Victims. Remembering the Past in Contemporary Germany, Basingstoke.

Nora, Pierre (1984), Zwischen Geschichte und Gedächtnis, Berlin 1990.

Oesterle, Günter (Hg.) (2005), Erinnerung, Gedächtnis, Wissen. Studien zur kulturwissenschaftlichen Gedächtnisforschung, Göttingen.

Ong, Walter J. (1982), Orality and Literality. The Technologizing of the West, Padstow.

Panofsky, Erwin (1955), Sinn und Deutung in der bildenden Kunst, Köln 1975.

Pethes, Nicolas (1999), Mnemographie. Poetiken der Erinnerung und Destruktion nach Walter Benjamin, Tübingen.

– (2003), Die Geburt der Mnemotechnik aus dem Zusammenbruch der Architektur. Karriere und Grenzen einer Gedächtnismetapher zwischen G. Camillo und Th. de Quincey, in: Gehäuse der Mnemosyne. Architektur als Schriftform der Erinnerung, hrsg. von Harald Tausch, Göttingen, S. 23-40.

Pethes, Nicolas/Ruchatz, Jens (Hg.) (2001), Gedächtnis und Erinnerung. Ein interdisziplinäres Lexikon, Reinbek.

Platon (1977), Werke in acht Bänden, hrsg. von Günter Eiseler, Darmstadt.

Polkinghorne, Donald (1988), Narrative Knowing and the Human Sciences, Albany.

Pomian, Krzystof (1998), Der Ursprung des Museums: Vom Sammeln, Berlin.

Proust, Marcel (1912-1927), Auf der Suche nach der verlorenen Zeit, dt. von Eva Rechel-Mertens, 7 Bde., Frankfurt/M. 1953.

Quintilianus, Marcus Fabius (1988), Ausbildung des Redners, hrsg. von Helmut Rahn, Darmstadt (zitiert mit römischer Kapitel- und arabischer Seitenzahl).

Renan, Ernest (1882), Was ist eine Nation?, Wien/Bozen 1995.

Rickert, Heinrich (1899), Kulturwissenschaft und Naturwissenschaft, Stuttgart 1986.

Ricœur, Paul (1987), Narrative Funktion und menschliche Zeiterfahrung, in: Romantik. Literatur und Philosophie, hrsg. von Volker Bohn, Frankfurt/M., S. 45-79.

Rieger, Stefan (1998), Mneme und/oder Mnemosyne, in: Deutsche Vierteljahresschrift für Literaturwissenschaft und Geistesgeschichte Jg. 72 (1998), S. 245-263.

Rousseau, Jean-Jacques (1782), Die Bekenntnisse, München 1978.

Rüsen, Jörn (1993), Konfigurationen des Historismus. Studien zur deutsche Wissenschaftskultur, Frankfurt/M.

Schabacher, Gabriele (2007), Topik der Referenz. Theorie der Autobiographie, die Funktion ›Gattung‹ und Roland Barthes' Über mich selbst, Würzburg.

Schaffner, Ingrid/Winzen, Matthias (Hg.) (1997), Deep Storages. Arsenale der Erinnerung. Sammeln, Speichern, Archivieren in der Kunst, München/New York.

Schirrmacher, Frank (Hg.) (2002), Die Walser-Bubis-Debatte. Eine Dokumentation, Frankfurt/M.

Schlaeger, Juergen (1993), Das Ich als beschriebenes Blatt – Selbstverschriftlichung und Erinnerungsarbeit, in: Memoria. Vergessen und Erinnern, hrsg. von Anselm Haverkamp und Renate Lachmann, München, S. 315-337.

Schmidt, Harald (2009), Geschichtspolitik und kollektives Gedächtnis. Erinnerungskultur in Theorie und Praxis, Göttingen.

Schmidt, Siegfried J. (Hg.) (1991), Gedächtnis. Probleme und Perspektiven der interdisziplinären Gedächtnisforschung, Frankfurt/M.

Sebald, W.G., Aber das Geschriebene ist ja kein wahres Dokument. Gespräch mit Christian Scholz (1997), in: Ders., »Auf ungeheuer dünnem Eis«. Gespräche 1971 bis 2001, Frankfurt/M. 2011, S. 165-175.

– (1999), Luftkrieg und Literatur, München.

– (2001), Austerlitz, München.

– (2001), Ein Versuch der Restitution, in: ders., Campo Santo, München 2003, S. 240-248.

Semon, Richard Wolfgang (1904), Die Mneme als erhaltendes Prinzip im Wechsel des organischen Geschehens, Leipzig.

Smith, Gary/Emrich, Hinderk M. (Hg.) (1996), Vom Nutzen des Vergessens, Berlin.

Squier, L.R./Kandel, E.R. (1999), Gedächtnis – Die Natur des Erinnerns, Heidelberg.

Steinberg, Swen/Meißner, Stefan/Trepsdorf, Daniel (Hg.) (2009), Vergessenes Erinnern. Medien von Erinnerungskultur und kollektivem Gedächtnis, Berlin.

Stiegler, Bernd (2006), Theoriegeschichte der Photographie, Paderborn.

Straub, Jürgen (Hg.) (1998), Erzählung, Identität und historisches Bewußtsein. Die psychologische Konstruktion von Zeit und Geschichte, Frankfurt/M.

Tholen, Georg Christoph/Weber, Elisabeth (Hg.) (1997), Das Vergessen(e). Anamnesen des Undarstellbaren, Wien.

Tulving, Endel/Donaldson, Wayne (Hg.) (1972), Organization of Memory, New York.

Vansina, Jan (1961), Oral Tradition as History, London 1965.

Warburg, Aby (1928), Zur kulturwissenschaftlichen Methode, zitiert nach: Bernd Roeck: Aby Warburgs Seminarübungen über Jacob Burckhardt im Sommersemester 1927, in: Idea. Jahrbuch der Hamburger Kunsthalle 10 (1991), S. 65-89.

– (1929), Der Bilderatlas Mnemosyne, hrsg. von Martin Warnke, Berlin 2000.

– (1929), Mnemosyne Einleitung, in: Ders., Werke in einem Band. Hg. Martin Treml, Sigrid Weigel und Perdita Ladwig, Frankfurt/M. 2010, S. 629-639.

Wegmann, Nikolaus (2000), Bücherlabyrinthe. Suchen und Finden im alexandrinischen Zeitalter, Köln.

Weinrich, Harald (1976), Metaphorae memoriae, in: ders., Sprache in Texten, Stuttgart, S. 291-294.

– (1991), Gedächtniskultur – Kulturgedächtnis, in: Merkur 508, S. 569-582.

– (1997), Lethe. Kunst und Kritik des Vergessens, München.

Welzer, Harald (2002), Das kommunikative Gedächtnis. Eine Theorie der Erinnerung, München.

White, Hayden (1973), Metahistory. Die historische Einbildungskraft im 19. Jahrhundert in Europa, Frankfurt/M. 1991.

Yates, Frances (1966), Gedächtnis und Erinnerung, Weinheim 1990.

Yerushalmi, Yosef Hayim (1988), Zachor! Erinnere Dich! Jüdische Geschichte und jüdisches Gedächtnis, Berlin.

Young, James E. (1988), Beschreiben des Holocaust. Darstellung und Folgen der Interpretation, Frankfurt/M. 1992.

– (1993), Formen des Erinnerns. Gedenkstätten des Holocaust, Wien 1997.

Zierold, Martin (2006), Gesellschaftliche Erinnerung. Eine medienkulturwissenschaftliche Perspektive, Berlin/New York.

Nicolas Pethes, Studium der Germanistik, Philosophie, Theater-, Film-
und Fernsehwissenschaften in Köln und Hamburg; 1998 Promotion an
der Universität zu Köln; Forschungs- und Lehrtätigkeiten an den Univer-
sitäten Köln, Siegen, Stanford und Bonn; 2005 Habilitation an der Universität zu Köln; von 2005 bis 2009 Professor für Europäische Literatur-
und Mediengeschichte an der FernUniversität in Hagen, seit 2009 Professor für Neugermanistik an der Ruhr-Universität Bochum. Veröffentli-
chungen u.a.: *Mnemographie. Poetiken der Erinnerung und Destruktion nach
Walter Benjamin*, Tübingen 1999; (Hg. zus. mit Jens Ruchatz), *Gedächtnis
und Erinnerung. Ein interdisziplinäres Lexikon*, Reinbek bei Hamburg 2001;
Zöglinge der Natur. Der literarische Menschenversuch des 18. Jahrhunderts,
Göttingen 2007; (Hg. mit Roland Borgards, Harald Neumeyer und Yvonne
Wübben), *Literatur und Wissen. Ein interdisziplinäres Handbuch*, Stuttgart
2013.